성공의 숨겨진 비밀
피드백

성공의 숨겨진 비밀
피드백

김경민 · 이정란 지음

GC 가인지 북스 BOOKS

저자 서문

자신을 성장시키는
확실한 방법인 피드백

미식 축구에서 쿼터백이 뒤에서 던진 볼을 우리 편 공격수가 잡느냐는 상대편 수비수보다 불과 일 인치를 더 뛰느냐의 여부에 있다고 합니다. 경기의 승패는 그 일 인치가 모여서 판가름 나게 됩니다. 결국 경기의 순간순간 발생하는 작은 차이가 승자와 패자를 결정 짓는 것입니다.

저의 삶에도 많은 일 인치의 순간들이 존재했습니다. 이 책은 저의 삶에서 또 한번의 일 인치를 극복한 결과물입니다. 이 책은 그 동안 기업과 직장인, 학생들을 교육하고 컨설팅 하면서 경험한 많은 경험의 산물입니다. 그 동안 주변의 많은 분들이 집필을 권했으나 선뜻 용기를 내지 못했습니다. 또한 피드백을 강조하는 것에 비해 참고할 만한 책이 의외로 적다는 것도 집필의 계기에 한 몫을 했습니다.

자신이 늘 하던 일에서 실력을 쌓고, 보다 풍성한 삶을 위해 노력하는 평범한 사람들의 이야기는 우리 모두가 다른 사람과의 비교가 아닌 스스로의 존재만으로 기꺼이 자신의 일과 삶에서 승리자가 될 자격이 있음을 알려줄 것입니다.

　이 책은 패션 마케터이면서 밝고 행동중심적인 에스더 대리를 중심으로 '베티로니'라는 브랜드가 어떻게 위기를 극복하고 성과를 내는지의 과정을 실은 이야기입니다. 나머지 등장 인물들은 그동안 컨설팅하면서 만났던 사람들을 연상하며 캐릭터를 결정했습니다. 그래서 여러분은 이 책을 읽는 동안 자신과 닮은 어느 한 캐릭터를 발견하는 재미를 느낄 수 있을 것입니다. 평소에 책을 읽는 것에 익숙하지 않던 분들도 아마 만화책을 읽는 느낌으로 쉽게 읽을 수 있을 것이라 확신합니다. 그래서 이 책에는 스토리와 갈등, 로맨스가 있습니다. 이 부분은 이정란 연구원의 젊은 감성이 많이 반영되었습니다.

　이 책의 주제에 관해 핵심적으로 전달하고자 하는 메시지는 피드백 코치로 등장하는 '로빈'의 입을 빌어서 전달했습니다. 로빈의 코칭과 등장 인물들의 대화, 그리고 에스더의 성찰을 통해서 제시되는 저자의 메시지에 귀를 기울인다면 자연스럽게 독자들도 피드백의 전문가가 되어 있을 것입니다. 그리고 즐겁게 읽는 동안 자신을 성장시키는 확실한 방법인 피드백을 삶의 도구로 획득할 것입니다.

　마지막으로 오늘은 나의 후원자요 조언자인 아내에게 후리지아 꽃을 한다발 들고 가서 탈고의 기쁨을 함께 나누고 싶습니다.

저자 김경민

목차

저자 서문 • 4
프롤로그 • 10

Part 01 위기 앞에서
1장 실패한 스타 마케팅 • 14
2장 이게 다 당신 때문이야! • 18
3장 공포의 새벽 문자, '오전 7시 집합' • 23

Part 02 자기 성과에 자기가 책임을 지는 사람
4장 피드백 코치 로빈과의 첫 만남 • 28
5장 기업의 존재 목적 • 35
6장 기업은 돈을 벌기 위해 존재하는 것이 아니다? • 38
7장 누가 경영자인가? • 46

Part 03 돌아보기의 5가지 질문
(AAR : After Action Review)
8장 신나는 피드백 게임 • 56
9장 남겨진 아버지의 액자 • 67
10장 성장하고 싶다면 피드백하라! • 74
11장 피드백을 위한 다섯 가지 질문 • 78
12장 무엇이 문제였을까? 스타 마케팅 • 99

Part 04 계획하기의 5가지 질문
(AAP: After Action Plan)

- **13장** 고객의 소리를 듣는다는 것 • 106
- **14장** 동대문에서 발견한 진실 • 112
- **15장** 가능성을 확신으로 • 120
- **16장** 로빈과 춤을! • 124
- **17장** 구체적인 실행계획 • 138

Part 05 성공을 경험하며

- **18장** 좋은 예감을 부르는 소리 • 150
- **19장** 더 잘할 방법을 찾아서 • 154
- **20장** 기분 좋은 조깅으로 한강다리를 지나며 • 166
- **21장** 마지막 피드백 • 169
- **22장** 내 사랑 현빈 • 182
- **23장** 또 하나의 액자 • 188
- **24장** 피드백의 달인, 새로운 출발 • 200

에필로그 • 206
피드백 노트 • 209
성공하고 싶다면 피드백하라! • 234

등장인물 소개

이에스더 _ 베티로니 마케팅 담당자
하락하는 매출과 실패한 겨울 마케팅에 대한 책임을 지고 브랜드를 성공시키기 위해 동분서주한다. 매사에 호기심이 많고, 질문을 잘하는 그녀는 행동주의자다.

로빈 _ B그룹의 전문 피드백 코치
베티로니 브랜드에 6개월간의 코칭을 한다. 피드백을 통해서 일하는 방법을 소개하고 이에스더의 멘토가 된다.

현빈 _ 에스더의 친구
훤칠한 키와 수려한 외모로 많은 여성들의 선망의 대상이다. 남보다는 자신의 기분을 중요시하지만 에스더에게만 다른 면모를 보인다.

유평화 _ 베티로니 브랜드 본부장

평소에 사람이 좋기로 정평이 난 그는 조화로움을 추구하며 사람들로부터 존경을 받는다. 에스더에게는 아버지와 같은 존재.

최강철 _ 베티로니 영업 담당자

지점장 출신의 주도적인 성격으로 자신의 의견을 강하게 이야기하며, 유쾌한 분위기를 좋아한다.

엄성실 _ 베티로니 생산 담당자

원칙을 중요하게 여기고 맡겨진 일을 충실하게 해내지만 새로운 시도를 꺼려하고 매사에 분석적이다.

한진솔 _ 베티로니 디자인실장

일명 까도녀(까칠한 도시 여자)로 통하는 그녀, 습관적으로 투덜대는 마음 한편에는 최고가 되고 싶은 욕망이 있다.

프롤로그

늦더위는 이제 완전히 자취를 감추었다. 선선한 가을 바람이 에스더의 목에 감겨있는 스카프를 가만히 흔들었다. 혹시 그에게 메시지가 와있을까? 에스더는 어깨에 메고 있던 가방에서 태블릿 PC를 꺼내어 홈 버튼을 눌렀다.

기다리던 그의 메시지! 그와 메시지를 주고받느라 뜬 눈으로 밤을 지새웠지만 컨디션은 무척 좋았다.

비행기가 이륙하자 승무원들이 바쁘게 움직이기 시작했다. 에스더는 며칠 전 헨리 회장에게서 받은 이메일을 읽기 시작했다. 열 번을 넘게 읽었지만 읽을 때마다 가슴 뛰는 글이다.

비행기는 벌써 하얀 구름 위를 날고 있었다. 눈부신 햇살이 유리창 안으로 쏟아져 들어왔다. 에스더는 지난 6개월의 시간이 꿈같이 느껴졌다.

친애하는 에스더,

항상 열정을 가지고 일해주어서 고맙습니다.

성과를 향해 끊임없이 도전하는 에스더에게 기쁜 소식을 전해주려고 합니다. 우리 B그룹사가 최근 인수한 이탈리아계 H브랜드의 재 오픈 프로젝트에 에스더를 보내기로 결정했습니다. 이번 주 토요일에 출발하세요..
좋은 성과가 있기를 바랍니다.

- B그룹 회장 헨리로부터

PS. 이 결정은, 현재 이탈리아에서 피드백 컨설팅 코치로 활동 중인 Robin K.의 추천임을 밝혀둡니다.

PART
01

위기 앞에서

1장

실패한 스타 마케팅

에스더는 차가운 바람이 옷 속을 파고드는 줄도 모르고 명동 한복판에 있는 베티로니 매장 앞에 우두커니 서 있었다. 빌딩 숲 사이로 불어오는 바람 때문에 밝은 갈색 머리카락이 헝클어졌다.

베티로니의 매장 안은 썰렁했고, 바로 옆에 있는 외국 브랜드 U매장에는 직원들이 잠시도 쉴 틈 없이 사람들로 붐비고 있었다. 윈도우 바깥에서 얼핏 보아도 계산대 앞에서 계산을 하는 고객의 수는 확연히 차이가 나 보였다.

베티로니의 건물 외벽에는 다섯 명의 아이돌 스타 현수막이 황량하게 붙어있었다. 지난 시즌 에스더가 강력히 밀어붙여서 진행했던 일명 스타마케팅, 거액의 투자를 하면서까지 마케팅을 벌였는데 결과는 참담한 수준이었다.

'시작은 좋았는데…. 계획도 완벽했고, 뭐가 문제였을까?'

그때 문자 알림음이 울렸다. 주간 회의에 참석하라는 문자였다.
'주간 회의 날짜는 참 빨리도 돌아오는구나. 가서 또 뭐라고 해야 하지?' 에스더는 인상을 찌푸리며 한숨을 쉬었다. 요즘 같아서는 주간 회의 시간이 가장 피하고 싶은 자리였다. 부담감에 회사를 그만둘까도 생각할 정도였다.

사무실에 도착하니 반갑지 않은 얼굴이 보였다. 까칠하기로 소문난 한진솔이었다. 베티로니의 디자인실장인 그녀는 평소에 톡톡 쏘는 비판으로 분위기를 썰렁하게 하는 데에 일가견이 있었다. 게다가 스타 마케팅의 모델의상을 제대로 선정하지 못해서 실패했다고 생각하는 에스더에게는 한진솔이 반갑지 않았다.

'저 인간 좀 안 볼 수 없을까?' 에스더는 진솔만 보면 매우 불쾌했다. 회의 때마다 그와 목소리를 높이며 논쟁을 벌이는 일도 많았다.

에스더는 자신을 본 척도 안 하는 진솔의 자리를 지나 유평화에게 인사를 했다.

"본부장님, 안녕하세요."

"에스더 대리, 현장 다녀오는구먼. 수고했어."

유평화는 에스더에게 환하게 미소를 지어 보이며 인사를 받았다.

"그런데 본부장님, 그 약은 뭐예요?"

에스더는 유평화의 자리로 가까이 가며 물었다.

"아무것도 아니야. 두통이 좀 심해서. 금방 괜찮을거야."

유평화는 약을 서랍 안에 넣으며 어색한 웃음을 지었다.

"본부장님, 이제 예전처럼 무리하시면 안돼요. 지난번에 한번 갑자기 쓰러지신 것 때문에 얼마나 놀랐는지 몰라요. 몸에 좋은 것은 다 잘 챙겨 드시고요, 식사도 거르지 마시고요. 그리고 저번처럼……"

"아이고 또 시작이구먼. 하하하. 알았습니다. 알았어요."

유평화는 손사래를 치며 웃었다. 에스더는 유평화가 자꾸만 마음에 걸렸다. 뭐든지 괜찮다고만 하는 그는 자신보다는 다른 사람들만 살피는 것 같았다. 에스더의 주도하에 진행되었던 스타마케팅의 실패도 결국 유평화가 모든 책임을 떠안고 상반기 승진자 명단에서도 제외된 것이다.

중학교 2학년이 되던 날, 부모님의 사망 소식을 듣고 제일 먼저 달려와 준 사람은 바로 유평화였다. 오랫동안 마다가스카에 나가 계시던 부모님께서 풍토병으로 하루 아침에 돌아가신 뒤, 아버지와 둘도 없는 친구 사이였던 그는 에스더에게 아버지 같은 존재였다. 지금의 회사도 지방대 출신으로서는 서류 면접을 통과하기 어렵기 때문에 회사의 직원 추천 제도를 통해서 1차 서류 면접을 쉽게 통과할 수 있도록 평화가 '강력 추천'을 해 준 것이다. 물론 2차, 3차 면접은 에스더의 실력으로 합격했지만 다른 브랜드의 마케팅 팀에서는 에스더에게 은근히 편견이 있는 것 같았다. 그러나 에스더는 그런 시선은 신경 쓰지 않았다. 행운이라고 해야 한다면, 행운도 실력이라고 생각하기 때문이다.

그렇다 해도 유평화가 자신 때문에 불이익을 당하게 할 수는 없었다. 어찌해야 할지 모르는 에스더에게 그는 한사코 자신은 괜찮다며 용기를 잃지 말라는 말만 반복했다.

2장

이게 다 당신 때문이야!

회의실에 들어서자 생산부의 팀장을 맡고 있는 엄성실이 제일 먼저 와 있었다. 뒤이어 사람들이 회의실로 들어와 아무 말 없이 조용히 자리에 앉았다. 누구 하나 말을 꺼내는 이가 없이 다들 잔뜩 화가 난 얼굴들이었다. 찬물을 끼얹은 것 같은 분위기였다. 그때 유리문이 요란하게 열리며 영업 담당자인 최강철 과장이 들어왔다.

"안녕하십니까!"

우렁찬 목소리가 조용했던 회의실을 가득 메웠다.

"다른 부서는 성과급 두둑이 받았다던데. 우리는 언제쯤 받을 수 있어요?"

진솔이 입 꼬리를 실룩거리며 유평화에게 말했다.

"거참, 실장님은 누울 자리를 보고 다리를 뻗으쇼. 우리 이번 달 매출이 얼마나 하락했는지 알아요? 브랜드 접게 생겼다고요."

한 성격하는 최강철이 잘라 말했다.

"큰일이군 그래. 계속 이대로 가다가는 브랜드 접는 건 시간문제야."

유평화가 걱정 어린 얼굴로 멤버들의 얼굴을 번갈아 보며 책상을 불안한 듯이 손가락으로 두드렸다. 파마를 한 것 같은 그의 곱슬머리가 오늘따라 더 부스스한 것 같았다.

"본부장님, 정말이에요?"

베티로니는 런칭 한지 7년이 넘도록 실적이 부진한 브랜드였다. 에스더는 전에 있던 부서에서 안정적으로 일할 수도 있었지만 워낙 호기심이 많고 새로운 시도를 좋아해서 자원한 브랜드였다. 게다가 유평화가 책임자로 있는 이 브랜드를 꼭 살려내고 싶었던 것이다.

'여기로 오지 않았더라면 어땠을까, 혹시 나 때문에 브랜드가 이렇게 된 것은 아닐까? 나의 무능 때문에. 내가 여기 오지 않았다면 상황이 이렇게까지는 되지 않았을 텐데. 어째서 사서 고생을 하는 걸까. 성격을 고쳐야 할까…'

수많은 생각들이 에스더의 머릿속을 헤집고 다녔다. 유평화가 다시 입을 열었다.

"사실 이 이야기는 안 하려고 했는데, 지난달 우리 브랜드의 적자 수준이 심각한 상황입니다. 이 상황이라면 제가 책임을 지고 물러나야 할 것 같습니다. 그리고 여기에는 새로운 책임자가 올 것 같고요. 여러분의 거취도 그 새로운 책임자가 결정하게 되는 거죠."

에스더는 하늘이 무너지는 기분이었다. 유평화가 물러나다니. 있을 수 없는 일이었다. 평생을 B그룹사를 위해서 고군분투했던 유평화가 만약 물러난다면 그 책임은 모두 에스더의 몫인 것만 같았다. 갑자기 몸에 있는 모든 기운이 스르르 발밑으로 빠져 나가는 기분이었다.

진솔은 손바닥으로 테이블을 탕탕 치며 말했다.

"저는 도저히 이해가 안돼요. 저희 디자인은 다른 브랜드 대비해서 전혀 뒤떨어지지 않는데, 도대체 왜 매출이 안 나오는 거죠? 원인을 찾아보신 거예요?"

날카로운 그녀의 목소리가 귀에서 쨍쨍거렸다. 진솔은 평소의 성격대로 감정을 숨기려 하지 않았다.

"한진솔 실장님! 그럼 매출하락에 대해 디자인실에서는 아무런 책임이 없다는 말씀이 하고 싶은 건가요?"

에스더가 일그러진 표정으로 따졌다.

"솔직히 전체 예산 면에서 봤을 때 스타 마케팅의 실패가 치명적이죠. 이 대리님의 잘못된 판단으로 인해서 브랜드 전체가 어려워진 거라고요."

"말씀이 좀 지나치시네요. 그때 샘플링을 디자인실에서 잘 뽑아주셨으면 결과는 달라졌을 거예요. 한실장님은 도대체 고객이 무엇을 원하는지 알고나 계세요?"

언쟁이 높아지자 유평화는 두 사람을 말리며 말했다.

"자, 이제 그만들 하고, 대안을 찾아봅시다. 어떻게든 브랜드를 살려야 하는 거잖아요. 이번에 원인 분석 조사에서 상품의 질이 경쟁사보다 떨어진다는 고객 의견이 나왔던데 생산 단가의 문제 때문에 어려움이 많군요."

유평화는 가만히 볼펜을 만지작거리던 생산부의 엄성실에게 말했다.

"생산 단가는 우리 브랜드의 책정가가 있기 때문에 확보에 어려움이 있습니다. 전 공장 풀 가동시켜서 비용을 최소화하는 방법을 최대한 찾아봤습니다만…… 최선입니다. 경쟁사의 경우, 우리와는 다른 유통망과 생산라인을 구축하고 있기 때문에 우리의 현재 여건상으로는 어떻게 달리 방법을 찾기가 어려운 것 같습니다."

엄성실이 책을 읽듯이 나지막한 목소리로 말을 끝내자 최강철이 자리를 박차고 일어나며 말했다.

"달리 방법을 찾기가 어렵다니요. 그런 말씀 좀 하지 마세요. 없어도 찾아야 하고 찾을 때까지 찾아야 하는 것 아닙니까? 엄 과장님은 늘 그런 식이에요. 그러면 문제가 해결이 안 되죠."

유평화가 최강철에게 차분하게 이야기를 하라고 진정을 시키자 최강철은 자리에 앉아서 이야기를 계속 했다. 권투선수처럼 근육이 두드러진 팔뚝이 그의 성격과 어울리는 것 같았다.

"사실 저희의 매출은 현장에서 판매가 어떻게 이뤄지느냐가 핵심이죠. 아무리 좋은 디자인에 좋은 품질을 가진 옷이라도 고객을 직접 만나는 판매직원이 어떻게 판매를 하느냐에 달렸다 이겁니다. 옛말에 '구맹주산狗猛酒酸'이라는 말이 있어요. 아무리 술 맛이 좋은 주막이라도 입구에서 사납게 짖어대는 개가 무서우면 손님이 없다는 뜻이죠. 이렇게 중요한 역할을 하는 판매직원들인데, 지금 직원들에 대한 처우에는 너무 무관심한 게 사실 아닌가요?"

"어찌됐든 대안이 없으신 건 최과장님도 마찬가지인 거네요."

진솔이 싸늘하게 말했다.

'이대로는 안 된다.' 에스더는 아랫입술을 가만히 깨물며 생각했다. 열심히 해도 안 되는 이유, 그것이 무엇인지는 알 수 없었지만 찾아내야 했다.

3장

공포의 새벽 문자, '오전 7시 집합'

"삐리릭"

이불 속에서 뒤척이던 에스더는 문자 알림음에 화들짝 놀랐다. 손을 뻗어 휴대폰을 집어 드니 시간은 새벽 4시였다.

문자는 유평화에게서 온 것이었다.

[본사 회의실 오전 7시 집합]

'새벽부터 본부장님이 왜 회의를 소집하는 문자를…'

평화도 밤새 잠을 못 이루고 새벽에 문자를 보낸 것이리라. 통화 버튼을 누르니 연결음이 한번 울리기도 전에 평화가 전화를 받았다.

"에스더 대리, 문자 소리에 깬 거야?"

유평화가 놀란 듯한 목소리로 물었다. 그의 목소리는 잠겨 있었다.

밤새 한 잠도 못 잔듯한 목소리이다.

"아니요. 본부장님, 갑자기 웬 오전 회의 소집이에요? 그것도 이 시간에."

평화는 전화기 너머로 마른 기침을 몇 번 하더니 대답했다.

"헨리 회장으로부터 직접 이메일이 왔어. 아마 우리 브랜드의 존폐여부를 결정하기 전에 컨설팅을 받게 하려는 모양이야. 내가 듣기로는 그룹사에 여러 가지 힘든 상황이 있을 때마다 컨설턴트를 불러서 코칭을 받곤 한다더군. 그 컨설턴트는 헨리 회장과 막역한 사이래. 우리로서는 헨리 회장이 주는 마지막 기회인 셈이지. 이번 컨설팅에는 에스더, 진솔, 성실, 강철. 네사람이 참석하게 될 거고. 나는 스폰서로 함께 할 거에요. 네 사람이 함께 힘을 합쳐서 기회라고 생각하고 잘 받도록 해… 내가 뒤에서 팍팍 밀어줄 테니까."

에스더는 전화를 끊고 방에 불을 켰다. 정신이 몽롱했다. 잠이 올 것 같지는 않았다.

'컨설팅…'

에스더는 컨설팅이라는 단어를 입 속에서 중얼거렸다. 갑자기 몇 년 전의 일이 떠올랐다. 고등학교 동창이자 친구인 현빈이 국제적인 기업인 MK 컨설팅에 입사했다고 입사 턱을 내던 날이었다. 에스더도 170센티미터가 넘는 키에 남부럽지 않은 몸매를 가지고 있었지만, 그들에 비하면 무척 수수해 보였다. 그곳에는 연예인 같은 사람들이 가득했다.

방금 TV에서 나온 것 같은 모델 같은 사람들이 현빈과 다정하게 이야기를 나누고 있었다. 에스더도 그 속에서 유쾌한 시간을 보내고 돌아왔지만, 평범한 직장인은 자신뿐이었다는 쓸쓸함이 잊히지 않았다.

에스더는 욕실로 가서 샤워기의 물을 틀었다. 샤워기에서 뿜어져 나오는 뜨거운 물줄기가 에스더의 머리 위로 쏟아졌다.

태블릿PC에서 6시를 알리는 송영주의 피아노 연주 음악이 흘러나왔다. 어느새 창 너머로 동이 트고 있었다.

PART
02

자기 성과에
자기가
책임을
지는 사람

4장

피드백 코치
로빈과의 첫 만남

아침 7시가 모임 시간이었지만 에스더는 습관처럼 10분 전에 회의실로 향했다. 회의실 불이 켜져 있었다.

엄성실이었다. 회의실은 언제 켰는지 히터 때문에 따뜻한 느낌이 들었다. 3월이 시작되었지만 아직 히터를 켜지 않으면 추운 날씨다.

"에스더 대리! 무슨 일이야?"

"나도 잘 몰라요. 그냥 모이라고 해서 왔어요."

에스더는 왠지 유평화 본부장에게서 들은 이야기를 꼭 성실에게 전달해야 할 필요는 없겠다고 생각했다. 조금 후에 진솔이 평소처럼 커피를 손에 들고 들어왔다. 좀 짧은 듯한 노란색 치마가 진솔의 작은 키를 더 작아 보이게 하는 것 같았다.

엄성실 과장과 한진솔 실장의 모습에서 피곤한 기색이 보였다. 에스더처럼 두 사람 역시 어제 미팅 이후 잠을 설친 듯했다. 사실 엄성실과 한진솔은 베티로니 런칭 멤버였다. 성실은 생산 공장 발굴을 위해서 전국을 열 바퀴나 순회한 전설적인 인물이고, 진솔은 브랜드 오픈 초기에 다섯 개 아이템을 사이즈에 상관없이 모두 판매한 '완판 신화'의 주인공이다. 베티로니 브랜드가 런칭한 지 칠 년이 지난 지금 매출 하락에 대해서 누구보다도 상실감이 클 것이다.

로빈이 회의실에 들어 온 것은 진솔이 자리에 앉은 후였다. 중년의 나이인 듯했지만 갈색 곱슬머리가 귀를 가릴 정도로 내려와서 멋있게 보였다. 넥타이 대신에 밝은 갈색의 에스코트 타이를 한 것이 갈색 신발과도 잘 어울렸다.

"굿 모닝!"

로빈의 해맑은 인사에 엄성실과 진솔도 어떻게 답해야 할지 모르고 있을 즈음에 뒷문이 열렸다.

최강철 과장이었다.

"안녕하십니까! 어제 늦게까지 매장 정리하느라 좀 늦었습니다. 죄송합니다."

지점장 출신인 강철 체력의 주인공 최강철은 늘 현장 중심이다.

"아닙니다. 최강철 과장님! 아직 시작 하려면 시간이 좀 남았습니다. 날씨가 아직 좀 쌀쌀한데 이 앞자리로 오세요. 자, 역전의 용사들이 다 모였군요. 반갑습니다. 여러분들에 대한 이야기는 유평화 본부장으로부터 들었습니다."

에스더는 고개를 돌려서 회의실 창 밖을 봤다. 언제부터 있었는지 유평화가 미소를 지으며 에스더에게 손을 흔들었다.

로빈은 자신이 B그룹의 패션 1본부와 인사팀에서 일하다가 십 년

전부터 컨설턴트와 코치가 되어 사람들을 돕게 된 이야기와 그 과정에서 만났던 사람들에게서 배웠던 사실들을 이야기 해 갔다. 에스더는 그 이야기가 정말 흥미로웠다.

"이제 여러분과 6개월간 여행을 함께 할 예정입니다. 이 여행을 통해서 여러분이 원하는 목적지에 가도록 돕는 것이 저의 일입니다. 앞으로의 일정을 소개하겠습니다. 처음 한 달간은 매주 월요일 오전에 이곳에서 만납니다. 그리고 그 다음부터는 실제로 여러분이 스스로 세운 계획을 실행하고 피드백하는 만남을 가질 예정입니다. 다음달부터는 2주에 한 번씩 만나게 되는거죠. 중간에 여러분에게는 1:1 쿠폰이 주어집니다. 말 그대로 저와 1:1로 코칭을 받을 수 있는 쿠폰이죠! 그렇게 6개월이 지나고 나면 자신의 자리에서 성공을 경험한 여러분이 있기를 기대합니다."

에스더는 여태까지 받았던 회사 내 교육과는 사뭇 다른 느낌의 기대감이 들었다. 손을 살짝 들고 로빈에게 물었다.

"코칭 쿠폰은 어떻게 하는 건가요?"

로빈은 살며시 웃으며 주머니에서 작은 종이 조각을 꺼냈다.

"모두에게 다섯 장씩을 드립니다. 6개월 동안 언제든지 찾아오고 싶을 때 오면 됩니다. 일을 하다 고민이 될 때, 해결해야 할 문제가 있을 때 언제든지 환영입니다."

로빈은 손에 들고 있던 쿠폰을 나눠주며 말했다.

"하지만 전 아직 여러분이 원하는 목적지가 어디인지 모릅니다. 누구 말씀 해 주실 수 있는 분 있습니까?"

"그거야 베티로니 매출이 오르는 거죠!"

최강철이 먼저 대답했다.

"네, 그렇군요. 정말 현실적이면서도 간절한 목표입니다. 또 우리가 원하는 목적지는 어디일까요?"

"옷이 잘 팔리는 것이죠."

"브랜드 내부의 문제가 해결되고 프로세스가 제대로 잡히는 겁니다."

진솔과 엄성실 과장이 이어서 대답했다. 에스더는 우리 팀에게 주어진 마지막 기회라는 유평화 본부장의 말이 자꾸 생각났다.

'이번 기회를 꼭 살려야 해! 마지막 기회야!'

"고객이 다시 찾는 브랜드가 되는 겁니다."

"모두 좋은 방향성을 제시해 주셨군요. 우리들의 모든 방향성을 종합해 보면 결국 무엇이라고 말 할 수 있을까요?"

"한마디로 하자면 브랜드가 잘 되는 것이네요."

"그러니까 그걸 우리가 하자는 거죠."

엄성실 과장의 말에 에스더가 답했다.

"그럼 우리 팀이 여행을 할 목적지가 정해졌네요. 에스더 대리님이 정리해 주겠습니까?"

"네, 6개월 동안 베티로니를 우리 손으로 다시 살려서 성공을 경험하는 것입니다!"

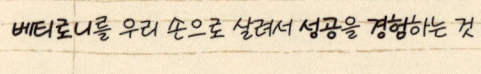

베티로니를 우리 손으로 살려서 성공을 경험하는 것

에스더는 노트에 굵은 글씨로 기록했다. 평소에 잘 기록하지 않는 진솔도 노트에 뭔가를 쓰고 있다.

"그럼 앞으로 6개월간의 여행을 서로가 즐겁게 하기 위한 그라운드 룰을 적어 보겠습니다. 그라운드 룰이란, 팀이 함께 지키는 일종의 규칙입니다. 여러분 테이블 위에 있는 종이에 각자 세 가지의 아이디어를 적어주세요."

에스더는 자신의 테이블 위에 있는 손바닥 절반 정도 되는 부착용 메모지 중에 제일 좋아하는 색인 핑크색을 집어 왔다. 그리고 생각하던 것을 적었다. 옆에서 진솔도 신중하게 메모지에 뭔가를 적었다. 엄성실 과장, 최강철 과장 역시 빠른 속도로 글을 써 내려가는 것이 보였다. 로빈은 받은 메모지를 테이블 중앙에 올려 두었다.

"자! 이제 여기 적혀 있는 모든 제안들 중에서 세 개만 골라서 별표를 그려 주시기 바랍니다."

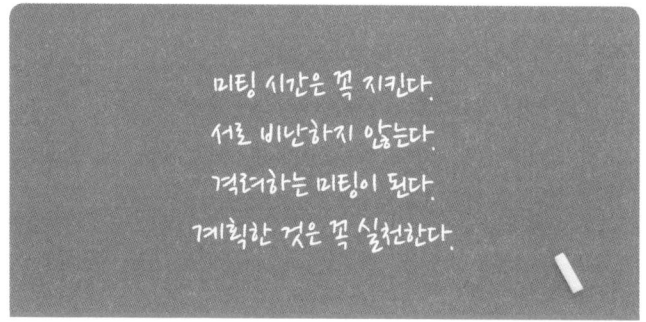

서로 투표를 해서 결정하니 쉽고 빠르게 의사결정이 되었다. 무엇보다도 최강철이 소리 지르는 것을 보지 않아도 된다는 것이 제일 좋

았다. 로빈은 가장 많은 표를 받은 그라운드 룰 네 가지를 골라서 칠판 오른쪽으로 걸어가서 바른 글씨로 적어 내려갔다.

"여러분이 정한 그라운드 룰을 보니 역시 수준이 있는 분들이라는 것을 다시 한번 느끼게 됩니다. 제가 덧붙이거나 덜어낼 것이 전혀 없습니다. 그럼 우리가 정한 목적과 그라운드 룰을 생각하면서 오늘을 보내시고, 내일 아침까지 과제가 있습니다."

"벌써부터 숙제 내 주시는 거예요?"

강철이 손을 들면서 말했다.

"하하하, 숙제라기보다는 그냥 오늘 하루 동안 일하면서 생각해 볼 과제이지요."

로빈은 다시 칠판으로 가서 크게 적었다.

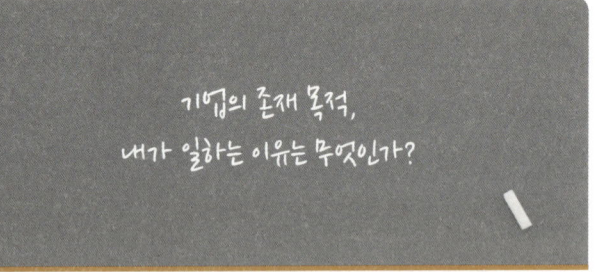

기업의 존재 목적,
내가 일하는 이유는 무엇인가?

5장

기업의 존재 목적

벌써 해가 저물었다.

사무실에서 보는 한강의 풍경은 언제나 아름다웠다. 유람선이 한강을 지나는 모습이 마치 크레파스로 도화지에 선을 긋는 것 같았다. 에스더는 현빈의 어깨에 머리를 기대고 유람선 맨 앞에서 바람을 맞는 상상을 했다.

'내가 왜 이러지? 안 돼! 우린 친구야! 친구!' 에스더는 고개를 저으며 아침에 컨설팅 시간에 로빈에게서 받은 질문을 기록한 노트를 꺼냈다. 거기에는 선명하게 '기업의 존재 목적, 내가 일하는 이유는 무엇인가?'라고 적혀 있었다.

에스더는 태블릿PC에서 사전 어플을 열었다. 그리고 '기업'이라고 쳤다.

기업 [enterprise, 企業]
이윤의 획득을 목적으로 운용하는 자본의 조직

회사 [company, 會社]
상행위 기타 영리를 목적으로 하여 설립된 조직

-위키백과-

'이윤을 획득하고 영리를 목적으로 한다면 결국 돈을 벌기 위해 모인 곳이 기업인가? 그렇다면 내가 일하는 이유는 오직 돈을 벌기 위한 것일까?'

저녁 식사 후에 자판기에서 뽑아 온 커피는 이미 식어서 맛이 없었다.

'오직 돈을 벌기 위해서 일을 한다.' 씁쓸한 마음이 들었다. 나른함에 팔을 쭉 펴 올리고 기지개를 켰다. 저쪽 복도에 신입직원들이 삼삼오오 퇴근하는 모습이 보였다. 신입사원 시절, 동기들에게 지지 않으려고 저녁마다 늦게까지 공부했던 기억이 떠올랐다.

에스더가 B그룹에 면접을 보던 날 면접관은 입사하면 무슨 일을 하고 싶은지 물었다.

"네! 저는 B그룹에 입사하면 우리를 찾아주는 고객들이 모두 멋쟁이가 되고, 패션 리더가 되도록 만들어 주는 일을 하고 싶습니다."

5년 전 입사 면접 때 당돌하게 말했었다. 입사한 지 얼마 되지 않아 유평화 본부장이 '그 대답에 다른 면접관들의 마음이 움직였나 봐!' 라고 조용히 말해 주었던 기억이 났다. 지금 와서 다시 생각해도 멋진 이유다!

에스더는 노트에 기록한 글을 다시 읽으며 답을 찾은 듯했다.

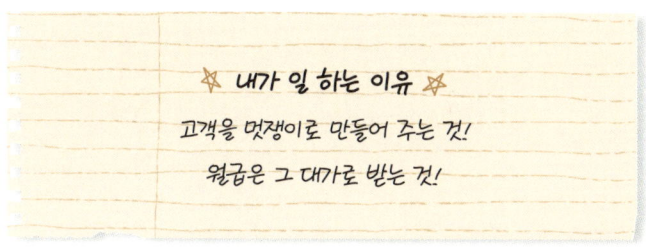

'맞아! 난 고객들이 우리 옷을 입고 멋지게 돌아다니는 것을 보면 보람도 느끼고, 내가 이 맛에 일한다는 생각을 하곤 했어. 그런데 베티로니로 이동한 이후에 그런 보람을 느껴 본 적이 없어. 내가 일하는 목적이 월급을 위해서가 아니라면, 당연히 기업이 존재하는 이유도 이윤 창출이어서는 안 될 것 같은데 그게 뭐지? 기업이 존재하는 목적이 이윤 창출이 아니고, 기업에서 일하는 목적이 월급을 받기 위한 것이 아니라면… 무엇일까?'

어느덧 사무실에는 에스더 이외에는 아무도 남아 있지 않았다. 아주 익숙한 상황이다. 잠시 후면 경비실장님이 순찰을 하러 올 시간이다. 일주일 뒤에 있을 로빈과의 두번째 미팅이 벌써 기다려진다.

6장

기업은 돈을 벌기 위해 존재하는 것이 아니다?

눈 깜짝할 사이에 일주일이 지났다. 평소에는 모임시간에 조금씩 늦던 멤버들이 시작 시간 10분 전이 되자 벌써 다들 모여 있었다. 최강철 과장은 로빈이 칠판에 적어 놓은 그라운드 룰 중에서 '시간을 지킨다.'를 가리키며 '저게 무서워서 일찍 왔다'고 말했다.

컨설팅이 시작되자 로빈은 먼저 칠판으로 가 크게 글씨를 적었다. 지난 한주간 에스더가 고민하던 그 주제였다.

'기업의 존재 목적, 내가 일하는 이유'

"아마 지난 한 주간 고민해 보셨을 겁니다. 지금은 거의 대부분의 사람들이 혼자서 일하지 않고 기업이라는 조직을 통해서 일하는 사회가 되었습니다. 사실 이렇게 일하는 방식이 바뀐 것은 인류 역사에서 그리 긴 기간은 아닙니다. 산업혁명 이후 본격적으로 시작되었으니까 한 200여년 정도 되었다고 볼 수 있겠죠? 어쨌든 우리는 혼자서 일하지 않고 조직을 통해서 일하고 있습니다. 조직을 통해서 일하면 개인들의 약점이 서로의 강점을 통해서 보완이 되고, 특히 개인들이 가지고 있는 강점을 극대화할 수 있도록 역할을 설정해서 최대의 성과를 낼 수 있는 구조이지요. 이런 점이 사람들이 혼자서 일하지 않고 조직이라는 형태를 가지고 함께 일하는 이유라고 할 수 있겠습니다. 실제로 이렇게 조직으로 일하면서 개인이 낼 수 있는 생산성은 혁신적으로 발전했다고 볼 수 있습니다."

"갑자기 사회 시간이 된 것 같아요!"

강철 과장이 메모하다가 말고 로빈에게 말했다.

"하하, 맞습니다. 약간 그런 면이 있지요, 근데 오늘은 교과서와는 좀 다른 이야기를 해야 할 것 같습니다. 먼저 지난주에 드렸던 질문을 드리겠습니다. 이렇게 조직으로 모여서 일하는 목적, 즉 기업의 존재 목적이 무엇일까요?"

로빈은 자연스럽게 참가한 사람들에게 물었다.

"그거야 '이윤 창출'이죠!"

평소에 빠른 스피드로 승부하는 최강철이 손을 들면서 대답했다.

"맞습니다. 우리 중학교 교과서에 그렇게 나와 있습니다. 그런데 한 가지만 더 물어 보겠습니다. 그럼 그 기업에 소속되어 있는 여러분은 일하는 목적이 무엇인가요?"

"그거야 월급 받기 위해서죠!"

"하하하! 그렇군요. 역시 우리 강철 과장님은 가지고 계신 생각을 잘 표현해 주시니까 제가 말을 이어가기도 참 좋습니다. 우리가 배웠던 중학교 사회 교과서에 그렇게 나와 있을 겁니다. 그럼 강철 과장님에게 한 가지만 더 질문을 드리지요."

로빈은 회의실 중간쯤 앉아 있던 강철에게 다가가서 계속 말을 이어갔다. 때마침 점심때쯤 되어서 봄 햇살이 유리창을 지나 앉아있는 사람들의 등을 따뜻하게 비추었다.

"만약 자녀가 성인이 되어서 인생의 첫 직장을 선택할 때, 그 회사의 면접관이 '왜 이 기업에 들어오려고 하십니까?'라고 묻는다면 무엇이라고 대답하기를 원하십니까?"

"글쎄요, 그건 좀 생각해 봐야 할 것 같습니다."

평소에 누구의 질문에도 주저함이 없던 최강철이 오랜만에 머리를 긁적거리며 대답을 회피했다.

"에스더 대리님! 깊은 생각에 들어가셨군요. 에스더 대리님은 늘 새로운 생각을 하는 것을 즐기는 사람이니 뭔가 다른 답을 말해 줄 수 있을 것 같은데요?"

고민할 때면 습관처럼 턱을 만지는 버릇이 있던 에스더는 어젯밤 적어 두었던 노트를 만지면서 뭔가 들킨 것처럼 부끄러움을 느꼈다. 턱을 만지고 있던 손을 얼른 내려서 노트에 쓴 글을 가리며 말했다.

"잘은 모르겠지만 돈을 벌거나 월급을 받기 위해서는 아닌 것 같아요."

"그럼 에스더 대리님은 무엇 때문에 일 하고 있어요?"

에스더는 어제 적어 놓았던 글을 다시 보았다. 노트에는 선명하게 '고객을 멋쟁이로 만들어 주는 것'이라고 적혀 있었다.

"저는 회사에 입사할 때 고객을 멋쟁이로 만들어 주고 싶다는 생각을 했어요. 지금도 제일 기분 좋을 때는 고객들이 우리 옷을 입고 멋있게 다니는 모습을 볼 때에요."

"역시 에스더 대리님, 다른 면이 있네요. 고객을 멋쟁이로 만들어 주는 것이라는 목적은 에스더 대리님의 목적일 뿐 아니라 종합 패션 그룹을 지향하는 B그룹 전체의 목적이기도 하지요. 마케팅 담당자로서 회사 전체의 목적과 자신이 가진 목적이 일치되는 것은 매우 행운이네요. B그룹이 존재하는 목적은 돈을 벌기 위해서가 아니라 우리나라 사람들과 세계인들이 자신에게 맞는 이미지를 연출하고 자신감 있는 삶을 살도록 돕는 것이지요. 이게 B그룹이 존재하는 목적이고, 이윤은 그것을 충실히 제공했을 때 고객들이 제공하는 값 지불로 따라오는 결과입니다. 지향해야 할 것과 파생되는 결과가 뒤바뀌어서는 안 되겠지요. 마찬가지로 직업인이 되어서 일을 하는 이유도 월급을 받기 위해서가 아니라 고객에게 가치를 제공하고 그 결과로 월급을 받는 것이 맞는 순서겠지요.

공무원들은 '국민을 위해서 봉사한다'는 숭고한 사명과 존재 목적이 있습니다. 그 목적을 위해서 공무원이 되고 일을 하는 자부심을 갖는 것이지요. 만약 어느 나라에 '돈을 벌기 위해서' 공무원이 된 사람들이 모여 있다고 칩시다. 어떤 일이 벌어지겠습니까? 아마 국민들은 외면한 채 자신들의 지위를 이용해서 다양한 방법으로 자신들의 목적인 돈을 버는 방법을 생각해내겠지요."

"공무원들의 과업이 제대로 설정되지 않아서 후진국의 국가 운영 시스템이 문제가 많다는 건가요?"

조용히 듣고 있던 엄성실 과장이 옆 사람만 겨우 들릴 정도의 낮은 목소리로 물었다.

"모든 문제가 그것 때문이라고 할 수는 없겠지만, 출발점에서 생각해 보면 큰 요인이 될 수 있겠지요. 자신이 일하고 있는 목적을 무엇으로 규정하느냐를 바로 '과업'이라고 하는데 예를 들어서 어느 구청에 두 종류의 공무원이 있다고 칩시다. 한 공무원은 고객이 '시민'이라고 생각해서 '어떻게 하면 시민이 편하게 민원을 해결할 수 있을까?'를 생각하고, 다른 공무원은 '상사'를 고객으로 생각해서 '어떻게 하면 상사를 편하게 해드릴까?'를 고민하는 공무원이 있다면 두 사람의 행동은 어떻게 다르겠습니까?"

"그거야 첫 번째 공무원은 시민의 문제를 해결하려고 방법을 많이 찾을 것이고, 두 번째 공무원은 상사의 눈치를 보며 소극적으로 시민을 대하겠지요."

에스더가 편하게 대답했다.

"네. 맞습니다. 에스더 대리님의 사는 곳의 공무원은 어떤 것 같습니까?"

"최근에 구청을 간 적이 있는데 요즘은 거기서 일하시는 분들이 미안할 정도로 친절해서 구청에 가면 거의 대부분 해야 할 일을 한번에 마무리하고 와요. 전 만족해요."

"그래요? 전 경우가 다른데요? 얼마 전에 영업 허가 때문에 서류 제출할 일이 있어서 구청에 갔습니다. 두 시간을 기다리라고 해서 기다렸더니 결국 증빙자료가 한 가지 부족하다고 다시 오라지 뭡니까? 그래서 다음날 다시 가야 했어요. 미리 알려 줬으면 그렇게 기다리지나 않았지."

강철은 숨을 거칠게 쉬며 지난번 매장 오픈 인허가 때문에 고생했던 이야기를 했다.

"맞습니다. 물론 하는 일의 성격에 따라 조금씩 다르겠지만 공무원도 그렇고 어떤 사람의 행동은 결국 따지고 들어 가 보면 자신의 존재 목적, 즉 과업을 어떻게 규정하고 있느냐에 따라 영향을 받고 있다는 것을 알게 됩니다. 결국 같은 일에도 그 이유는 각자가 어떻게 생각하느냐에 따라 전혀 다른 행동을 하게 될 수 있다는 겁니다."

여기까지 말하고 로빈은 회의실 앞 쪽으로 걸어가 칠판에 크게 적었다. 그리고 계속 말을 이어갔다.

> 기업의 존재 목적 = 과업 = 고객 가치 창조

"기업이 존재하는 유일한 목적은 바로 '고객 가치를 창조하는 것'입니다. 사람들이 모여서 조직으로 일하는 이유는 서로의 강점을 살려서 고객에게 기여하기 위한 것인데 그것을 '고객 가치'라고 합니다. 기업이 영속하려면 바로 이 '고객 가치'를 만들어 낼 수 있어야 하고, 그 과정을 통해서 기업의 조직원들의 강점이 발휘되고 성장하는 것이지요. 당연히 기업의 조직원들 역시 기업에서 일하는 이유 즉, 과업은 '고객의 가치를 창조하는 일'과 연관이 있어야 합니다. 내가 하는 일이 과연 고객의 가치를 창조하고 있는 일인가를 꾸준히 자문하고 답할 때 자신의 과업을 정의할 수 있습니다. 결국 기업의 이윤이나 개인의 보상은 자신의 과업을 달성한 결과를 받는 것이지요."

로빈은 그동안 사용했던 어투와 달리 매우 강하고 단호한 목소리로 말했다. 그 목소리가 워낙 단호해서 마치 헨리 회장의 강연을 듣는 것 같았다.

"그럼 저는 '현장 직원들이 즐겁게 일하도록 돕는 것'으로 하겠습니다. 그게 늘 생각하던 것이었어요."

성격 급한 최강철이 말하자 로빈이 몸을 돌려서 강철을 바라보았다.

"하하하. 매장에서 성과가 나는 것은 매장 직원들이 어떻게 해 주느냐에 달려 있고, 그 사람들이 즐겁게 일하도록 돕는 것은 영업부의 매우 본질적인 목적이죠. 현장 직원들이 강철 과장을 좋아하는 이유를 알 만 하네요"

나머지 사람들도 각각 자신의 과업을 답했다. 그동안 자신들이 생각해 왔던 것들을 명확하게 하는 순간이었다.

로빈은 그들이 말할 때마다 놓치지 않고 칠판에 적었다. 칠판에는 어느덧 참여한 모든 사람들의 과업이 기록되었다.

"일을 맡고 있는 사람들의 강점에 따라서 과업의 포커스는 달라질 수 있습니다. 하지만 여러분이 말한 과업은 정말 멋있습니다!"

에스더는 칠판에 적힌 과업을 하나하나 자세히 보았다. 우리 팀이 조금씩 위치를 잡아가는 듯한 느낌이었다. 하나도 놓치지 않기 위해 노트에 칠판의 글을 적어 두었다.

☐ 마케팅

이에스더
상품을 고객에게 알리는 것
→ 고객을 멋쟁이로 만들어 주는 것

☐ 영업

최강철
매장의 옷이 팔리도록 하는 것
→ 매장 직원들이 즐겁게 일하도록 하는 것

☐ 디자인

한건솔
상품을 디자인 하는 것
→ 옷을 통해 고객의 이미지를 연출 해 주는 것

☐ 생산

염성실
요청받은 상품을 생산하는 것
→ 고객이 느끼는 품질을 좋게 해 주는 것

7장

누가 경영자인가?

　벌써 피드백 컨설팅도 오늘로 3회차가 되었다. 지난 2주 동안 베티로니 맴버들은 자신의 과업을 정의하며 새로운 시각으로 현재의 문제를 인식하기 시작했다.
　"에스더. 요즘 유난히 더 씩씩해진 것 같네!"
　유평화가 조용히 손을 흔들며 인사했다.
　"저야 늘 그렇죠! 호랑이 기운이 솟아난다고나 할까요?"
　에스더는 자신의 팔을 보디빌더처럼 들어 올려 보이며 활짝 웃었다. 평화의 미소는 늘 에스더에게 힘을 주었다. 그러나 평화의 안색은 날이 갈수록 확연히 나빠 보였다. 며칠 전에 병원에 다녀온 후의 결과를 물어보려던 순간에 로빈이 문을 열고 들어왔다.
　"좋은 아침입니다!"
　회의실의 분위기는 점점 무르익어 갔다. 모두들 새로운 에너지로 가득한 느낌이었다. 미팅을 진행하는 로빈의 모습은 마치 우리 팀과 오랫동안 함께 했던 사람처럼 자연스러웠다. 회의실 뒤편에서 참관하던 유평화도 특유의 미소를 지어 보였다.

"지금까지 우리는 개인과 조직의 과업에 대한 이야기를 나누어 보았습니다. 어디서 무슨 일을 하는 사람이든 자신의 위치에서 '고객 가치에 기여하는 것'이 무엇인지 규정하고 그 일에 집중하는 것이 자신을 경영해 가는 경영자라고 할 수 있을 겁니다."

"경영자라고요? 그럼 모든 사람이 경영자가 될 수 있다는 말입니까?"

강철의 질문에 로빈은 계속 말을 이어갔다.

"좋은 질문입니다. 어떤 사람을 경영자라고 할까요?"

"그거야 임원이나 본부장급 정도 되는 사람들 아닌가요?"

이번엔 진솔이 끼고 있던 팔짱을 풀면서 답했다.

"그렇군요. 그렇다면 제가 몇 가지 질문을 해 보겠습니다. 대학의 교수님들은 경영자입니까?"

"경영자이지요!"

모두들 약속한 듯이 답했다.

"그럼, 대통령은 경영자입니까? 아닙니까?"

"경영자입니다."

"그럼, 약국에서 일하는 약사 분들은 경영자입니까? 아닙니까?"

"경영자입니다. 아니요 아닌 것 같기도 합니다."

"그럼, 마지막으로 하나만 더 묻겠습니다. 편의점에서 아르바이트로 일하는 계산 직원은 경영자일까요?"

"아닌 것 같은데요?"

진솔이 눈을 가늘게 뜨고 말하자 에스더가 반박을 했다.

"편의점에서 일을 하더라도 사장님이 없을 때는 자기가 편의점에 대해서 책임을 져야 하니까 경영자일 수도 있어요."

에스더의 대답에 다른 사람들이 모두 고개를 돌려 에스더를 주목했다. 대학 시절 편의점에서 아르바이트를 했을 때가 기억났다. 사장님이 자리에 없어도 매장을 책임지고 일했던 기억이 났다. 에스더는 대학 시절 방학이 되면 두 세 가지의 아르바이트를 동시에 하곤 했다. 문득 힘들었던 대학시절이 눈 앞에 스쳐갔다.

"네, 그렇습니다. 역시 에스더 대리님은 마케터답게 다양한 생각을 잘 표현하는군요. 제가 드린 질문은 직위에 관한 것이 아닙니다. 과거에는 '경영자'가 하나의 직업이거나 혹은 직급이었죠. 그러나 지식사회인 지금은 경영자에 대한 정의를 그렇게 내리지 않습니다. 경영자, 즉 '지식근로자'란 오직 자신이 결정하는 겁니다. 과업에 대한 인식과 책임인 거죠."

"경영자와 지식 근로자는 같은 뜻인가요?"

진솔이 이해할 수 없다는 듯 물었다.

"경영학의 아버지라고 불리는 피터 드러커는 그의 책 '매니지먼트'에서 '경영자Executive'와 '지식 근로자Knowledge Worker'를 같은 의미로 사용했습니다. 실제로 요즘은 신입사원으로 들어 왔을 때부터 작든지 크든지 어떤 형태로든 자신이 '책임져야 할 과업'을 인식하도록 장려하고 있지요. 주어진 일에서 자신이 책임감을 가지고, 강점을 활용해서 성과를 내도록 요구 받는 것이지요. 요즘은 군대에서조차도 '내가 시키는 대로만 해!' 라고 말하면 이상한 사람 취급 받는다고 하더군요."

로빈은 다시 앞으로 걸어가 칠판에 커다랗게 적었다.

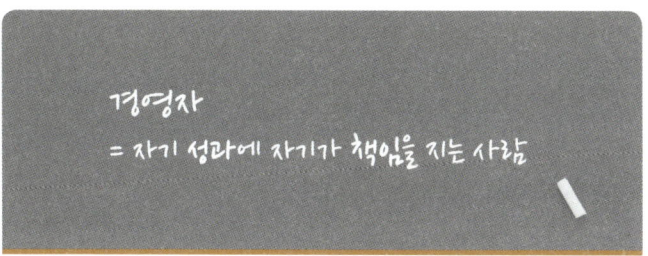

"만약 한 나라의 대통령이 자신의 성과인 '국민이 행복하게 사는 것'에 대해서 자신이 책임을 지지 않고 국제 정세나 야당, 국민들의 탓이라고 한다면 경영자라고 할 수 없습니다. 반대로 편의점에서 아르바이트를 하는 직원이라 하더라도 고객 가치에 기여하는 자기 성과를 규정하고 책임을 지려는 노력을 하는 사람이라면 그 직원은 이미 경영자라고 할 수 있겠지요."

"편의점에서 아르바이트 하는 사람이 무슨 책임을 질 수 있죠?" 간깐한 엄성실이 물었다.

"편의점의 직원이 계산만 잘하면 된다고 생각한다면 경영자라고 할 수 없겠지요. 하지만 편의점의 고객 가치인 '매장을 찾는 고객이 다시 찾고 싶은 생각이 들도록 하는 것'을 자신의 과업으로 정의하고 그 성과에 책임을 지기 위해서 고객에게 인사말을 어떻게 할 것인가? 어떻게 하면 물건을 잘 찾도록 해 줄 수 있을까? 적절한 할인 카드를 빠트리지 않고 혜택 받도록 도와 줄 방법은 무엇일까? 등을 고민하면서 더 잘 할 방법을 찾아내는 직원이라면 어떻겠습니까?"

"어우. 그런 직원 있으면 우리 매장으로 당장 데리고 와야지요!"

매장의 좋은 인재를 확보하는 것이 늘 고민인 최강철이 웃으면서 말했다.

"실제로 유명한 E그룹의 어느 매장 이야기가 있습니다. 이 매장은 선물용으로 옷을 구입하는 고객이 많았는데 선물을 받은 분들이 영수증이 없이 반품을 하러 오는 사례가 하루에 몇 건씩 생기면서 항의가 심해지자 거기서 일하던 계산직 직원 중에 한 명이 '자기성과에 자기가 책임을 지려는 고민'을 하다가 결국 가격이 표기되지 않은 '선물용 영수증' 아이디어를 내서 계산용 포스에 적용해 그 문제를 해결한 사례입니다. 그 직원은 E 그룹이 주는 지식경영 대상을 받게 되었고 그 지식은 전 매장으로 확산되었다고 합니다. 이렇게 자신의 일에서 책임을 지는 경영자, 즉 지식근로자들은 얼마든지 많이 있습니다. 여러분 삼겹살 좋아하십니까?"

"그럼요! 매장 직원들이 퇴사하려고 마음 먹었다가도 삼겹살 파티 한번 하면 두 달 정도는 안 그만둬요!"

최강철이 농담조로 답했다. 그는 늘 좋은 직원들을 잘 유지하고 성장시키는 것에 관심이 있었다.

"네, N마트 정육코너에서 일하던 직원 중에 한 명은 삼겹살 매출을 분석하다가 삼겹살은 수분과 두께가 맛을 좌우한다는 조언을 듣고 나서 실제로 매장에서 3mm, 6mm, 8mm로 두께를 달리 해서 시식을 해 본 결과 6mm로 자른 삼겹살의 반응이 제일 좋다는 것을 발견하고 실제로 삼겹살 매출을 50%나 성장시킨 사례도 있습니다. 이런 지식은 한 매장뿐 아니라 전 매장에 확산이 가능하고 별도의 투자가 들지 않기 때문에 진정한 고객 가치 창조라고 볼 수 있지요."

로빈의 목소리에는 부드러우면서도 사람을 끌리게 하는 뭔가가 있었다.

"부천시에서 있었던 일입니다. 주민들이 내놓는 쓰레기봉투 안에 있는 일부 음식물을 먹기 위해 고양이들이 와서 파헤쳐 놓는 바람에 골목이 오염되고 쓰레기를 수거하러 다닐 때마다 주변을 청소해야 하고 주민들로부터 민원이 들어오는 건수가 많아지자 수거 횟수를 늘이거나 수거 시간을 당겨서 빨리 처리하는 방법을 사용해도 해결이 안됐다고 합니다. 시설관리공단의 직원들은 이를 자신들의 과업으로 여기고 이를 해결할 방법을 찾던 중에 고양이가 겨자 향을 싫어한다는 것을 발견하고 쓰레기봉투에 겨자 향을 첨가해서 사용함으로써 이 문제를 깔끔하게 해결했습니다. 청소과 직원들의 쾌거인 셈이지요. 이 쓰레기봉투는 현재 특허로 등록되어 있답니다. 이른바 지식자산으로 공식 인정을 받은 셈이지요."

로빈은 테이블 위에 놓여 있던 차를 마시고 나서는 계속 말을 이어갔다.

"이처럼 우리가 우리의 일에서 책임을 지려는 노력을 계속해서 한다면 어떤 일이 일어나겠습니까?"

"그거야 고객이 만족하고 매출이 늘어나겠죠."

"비용도 절감이 되는 겁니다."

강철의 대답에 이어서 생산팀을 책임지고 있는 성실 과장이 거들었다.

"네, 그렇습니다. 성과는 매출과 수익이 늘어나는 것, 고객이 가치를 느끼는 것, 그리고 한 가지 더 인재가 성장하는 것을 말합니다. 우리가 우리의 일에 책임을 지려는 노력을 한다는 것은 결국 이 세 가지의 성과를 거두는 것을 말합니다. 결국 우리의 존재 목적, 즉 과업이 바로 이 세 가지라고 말할 수 있겠지요."

에스더는 노트에 적었다.

> 자기 성과에 책임을 지려는 노력의 결과
> 1. 매출과 수익이 늘어나는 것(직접성과)
> 2. 고객이 가치를 느끼는 것(간접성과)
> 3. 인재가 성장하는 것(인재양성)

경영자란
자기 성과에 자기가 책임을 지는 사람이다.

과업이란
고객가치에 내가 기여하는 것이다.

PART
03

돌아보기의
5가지 질문
AAR
(After Action Review)

8장

신나는 피드백 게임

"코치님! 일찍 오셨네요."
"좋은 아침입니다."

로빈은 즐거운 목소리로 말했다. 테이블 위에는 장난감 블록 한 상자가 놓여 있었다. 자주색 멜빵이 그가 몸을 움직일 때마다 좌우로 춤을 추는 듯했다.

에스더는 로빈을 물끄러미 바라보았다. 그가 자신의 일을 즐기게 되기까지는 얼마나 많은 노력을 했을까. 회의실에 들어오는 다른 멤버들도 로빈과 반갑게 인사하고 앉았다.

"일주일간 즐겁게 지냈습니까? 벌써 3월의 마지막 주가 되었습니다. 오늘은 간단한 게임을 한 가지 하겠습니다. 여러분 테이블 위의 블록을 조립하는 게임입니다. 여기 가림막 뒤편에 제가 미리 준비한 샘플 모형이 있습니다. 그 모형을 그대로 맞추는 게임이죠. 단, 룰이

> 1 한 번에 한 명씩!
> 한 번에 한 명만 가림막 뒤편에 나와서 정답 모양을 볼 수 있다.
>
> 2 한 번에 10초씩!
> 한 번 나왔을 때 10초 이상 볼 수 없다.
>
> 3 순서를 정해서 차례대로!
> 순서를 지켜서 차례로 나와야 한다.
>
> 4 완성이 되면 '만세'라고 외치세요.

몇 가지 있습니다."

로빈은 룰이 적힌 종이를 벽에 붙였다.

멤버들은 벽에 붙은 규칙을 유심히 읽었다. 로빈이 벽 앞으로 다가가 말했다.

"이번 게임은 특별히 시상이 있습니다. 블록을 완벽하게 조립하면 제가 오늘 점심을 여러분에게 사겠습니다."

"정말요? 게임이라면 제가 자신 있죠! 똑같이 맞추면 되는 거죠?"

강철이 팔을 걷어 올리며 말했다.

"네. 시간은 최대 7분을 드립니다. 그 전에라도 완성이 되면 만세를 외치세요. 그러면 제가 정답 여부를 확인해 드리겠습니다. 게임의 방법을 아셨죠? 준비하실 시간을 잠깐 드리겠습니다."

로빈은 유난히 들뜬 모습이었다. 마치 어린 아이들에게 뭔가를 가르치려고 준비하는 유치원 선생님 같았다.

"땡! 땡! 시작하십시오."

시작을 알리는 종을 치자 제일 먼저 최강철이 가림막 뒤로 뛰어 갔다. 강철의 뒤를 이어 에스더도 뛰어 나갔다. 가림막 앞에 가 보니 작은 비행기 모양의 블록이 있었다. 그리 복잡한 것은 아니었지만 모든 블록을 기억해서 돌아가기는 어려웠다. 에스더는 비행기 앞모양을 기억하고 들어갔다.

"어? 이거 아닌데요?"

에스더가 테이블로 돌아오자 최강철이 조립한 비행기 앞모양이 에스더가 본 모양과 달라 보였다.

"아니야! 이건 내가 확실히 봤으니까 다음번에 나가서 비행기 뒤편 좀 봐!"

강철이 이야기하는 동안 진솔이 돌아왔다. 그리고 이미 맞추어져 있는 블록을 다시 흩트리고 자신이 본 모양대로 다시 맞추기 시작했다.

"왜 흩트려?"

순간 에스더는 화가 났다. 기껏 맞추어 놓은 것을 흩트려 놓은 것이 진솔의 평소 모습 같아서 더욱 그랬다.

"땡! 땡! 이제 시간이 되었습니다. 블록에서 손을 떼고 자리에 앉아 주세요."

테이블 위에 블록은 절반도 맞추지 못했다. 7분 동안 그 간단한 블록을 맞추지 못하다니 서로를 원망하는 눈빛이 역력했다. 로빈은 여전히 신 나 있었다. 어쩌면 조립을 완성하지 못할 것을 미리 알았던 것 같았다.

"수고하셨습니다. 오랜만에 게임을 하려니까 잘 안되는 부분이 많지요? 이제는 자리에 앉아서 함께 토의하면서 제가 드리는 질문에 한번 답을 해 보세요. 첫 번째 질문은 이것입니다."

로빈은 테이블 위에 있던 두꺼운 종이를 들어 올렸다. 거기에는 아주 굵은 글씨로 이렇게 적혀 있었다.

> - AAR(After Action Review)의 첫 번째 질문 -
> ### 1. 얻고자 한 것은 무엇인가?

"이 게임에서 얻고자 한 것이 무엇이었습니까?"

"그거야 공짜 점심이죠."

"블록을 정확하게 완성하는 것이죠."

로빈의 질문에 최강철과 엄성실이 이어서 대답했다.

"혹시 또 얻고자 하는 것이 있었습니까? 진솔 실장님은 왜 이 게임을 시작했어요?"

"로빈 코치님이 하라고 하니까 한 거예요. 전 그냥 무난하게 이 시간이 지나기를 바랐어요. 하지만 별로네요."

"저는 즐거웠는데요? 블록을 다 맞추지 못했어도 서로 즐겁게 게임을 했으면 되는 거잖아요? 즐거운 시간을 갖겠구나 하는 기대감이 있었어요."

진솔의 답에 이어서 에스더가 나서서 말했다. 에스더의 말이 끝나자 진솔이 곁눈으로 에스더를 쳐다보았다.

"아주 솔직한 대답을 해 주셨네요. 맞습니다. 어떤 행동을 할 때 우리가 함께 일을 하더라도 각자가 가진 생각은 다를 수 있습니다. 하지만 중요한 일일수록 시작할 때 멤버들의 의도한 것이 각자 다르면 힘들겠지요? 성실 과장님이 첫 번째 질문에서 나온 답을 한번 정리해 주시겠어요?"

"얻고자 하는 것은 공짜 점심 먹기, 블록 맞추기, 즐거운 시간되기 정도겠네요"

"감사합니다. 성실 과장님 잘 정리해 주셨습니다. 자, 이제 두 번째 질문을 드리겠습니다."

로빈이 들어 올린 두 번째 종이에는 역시 굵은 글씨로 이렇게 적혀 있었다.

- AAR(After Action Review)의 두 번째 질문 -
2. 얻은 것은 무엇인가?

"얻고자 한 것이 명확하다면 얻은 것도 명확해집니다. 자, 과연 우리는 지금 이 게임을 통해서 무엇을 얻었을까요?"

"그거야 물론 실패죠. 블록 완성도 안 되고, 서로 싸우기만 했으니까요."

최강철이 말했다.

"하지만 게임을 하는 과정에서 어떻게 하면 잘 할 수 있을지 고민하게 되었고, 다시 해보면 잘 할 수 있을 것 같아요."

엄성실이 차분한 목소리로 말했다.

"에스더 대리님은 어땠습니까? 얻은 것이 있다면 무엇인가요?"

"글쎄요. 잘은 모르겠지만 팀워크에 관한 어떤 것을 배운 것 같아요. 이 게임은 혼자서 잘 한다고 되는 게임은 아니고 멤버들 모두가 의사소통하고 힘을 합해야 잘 되는 게임이었던 것 같아요. 그러니까 이 게임을 통해서 얻은 것이 있다면 그것은 팀워크에 관한 교훈이에요."

"그렇군요. 여러분이 얻고자 했던 것과 얻은 것에는 차이가 있네요. 실제로 많은 일들이 의도한 대로 똑같이 되지 않고 차이가 발생하기 마련이지요. 이제 이어서 다음 질문에 답해 봅시다. 이제 가장 중요한 질문을 드리겠습니다."

로빈은 테이블 바닥에서 뒤집어져 있던 두꺼운 종이 보드를 들어 올렸다. 거기에는 이렇게 적혀 있었다.

- AAR(After Action Review)의 세 번째 질문 -
3. 차이와 그 원인은 무엇인가?

"일단 큰 차이는 점심이 날아갔다는 거죠."

"강철 과장님은 그 점심 타령 좀 그만하세요. 제 생각엔 가장 큰 차이는 블록을 완성하지 못 한 것입니다."

진솔이 신경질적으로 나서서 답했다.

"그렇습니다. 블록을 완성하지 못 한 것이 가장 큰 차이이고, 이 차이 때문에 다른 많은 차이도 발생했지요? 또 무슨 차이가 생겼습니까?"

"즐거운 시간을 함께 하고 싶었는데 블록이 잘 안 맞추어지니까 좀 짜증이 나기 시작했어요. 그리고 우리가 뭔가 좀 잘 못하고 있다는 느낌을 갖게 되었어요. 그리고 중간쯤 지나서는 어떻게 해야 잘할 수 있을까 하는 생각을 하게 되었죠."

에스더가 아직 완성이 안 된 블록을 만지면서 대답했다.

"그렇군요. 실행하면서 많은 것을 느끼셨군요. 이제 그런 차이가 발생한 원인이 무엇일까요?"

로빈이 사람들을 둘러보며 질문하자 엄성실이 대답했다.

"그건 전략을 세우지 않았기 때문입니다. 사전에 준비 시간을 주었을 때 서로 어떻게 역할을 나누고 어떤 프로세스로 블록을 완성할 것인지에 대해서 전혀 사전 논의 없이 바로 시작을 했기 때문입니다. 또 리더를 세우지 않았던 것도 원인이라고 봅니다. 서로 의견이 다를 때 적절히 조율해 주는 사람이 없었어요."

"사실 저는 중간쯤 진도가 잘 안 나가니까 그냥 포기하고 있었어요."

"맞아요! 진솔 실장님처럼 저도 중간쯤 어떻게 해야 할지 몰라 포기하고 싶었어요. 서로 관찰한 것이 다를 때 어떻게 조율해야 할지 그 방법을 몰랐던 것 같아요. 또 커뮤니케이션도 원활하지 못 했던 것 같아요. 또 7분이라는 시간을 어떻게 배분하고 사용할 것인지에 대한 인식이 없이 흘려보낸 것도 원인이고, 각자가 가지고 있는 강점이 있는데 그걸 잘 살리지 못한 것 같아요. 진솔 실장님은 그림을 잘 그리는데 실장님이 만약 블록을 보고 얼른 그림을 그려주고 그 위에 맞추기를 했다면 훨씬 더 좋았을 것 같아요."

진솔에 이어서 성실 과장이 대답했다.

"여러분 대답을 듣고 보니 정말 훌륭한 팀이라는 생각이 듭니다. 실행하는 과정에서 바로 바로 교훈을 발견하시는군요. 이제 네 번째 질문을 드리겠습니다."

로빈이 다시 들어 올린 종이에는 이렇게 적혀 있었다.

- AAR(After Action Review)의 네 번째 질문 -
4. 해야 할 것은 무엇인가?

"다시 하게 된다면 처음 주어진 1분 동안 어떻게 할 것인지 전략을 짜서 역할을 나누겠습니다."

"순서를 정할 때 공간 지각력이 있는 사람과 없는 사람을 교대로 해서 순서를 정해야 합니다."

"서로 중첩해서 블록을 관찰하고 들어 와야 해요."

"무엇보다도 자기가 무엇을 보아야 하는지 정확하게 정하고 나가서 책임지고 그 부분을 관찰하고 와야 합니다."

멤버들은 누구라고 할 것 없이 기다렸다는 듯이 대안을 이야기 했다.

"좋습니다. 역시 여러분께서는 행동주의자이신 것 같습니다. 무엇을 하더라도 스피드 있게 진행하겠어요. 그럼 이제 마지막 질문을 드립니다."

- AAR(After Action Review)의 다섯 번째 질문 -
5. 하지 말아야 할 것은 무엇인가?

"가장 먼저는 계획 없이 실행하는 것이죠."
"역할 분담하지 않고 함께 일하는 것이요."
"시간계획을 무시하거나 리더를 두지 않고 일하는 것도 하지 말아야 할 것입니다."
"중간에 집중력을 잃거나 포기하는 것도 하지 말아야 합니다."
모두들 각자가 느낀점을 이야기 했다.
"근데 이 게임 한 번 더 하면 안 되나요? 점심시간도 가까워 왔는데 한 번 더 기회를 주세요."

최강철이 갑자기 로빈을 바라보면서 말했다. 언제나 원하는 것이 있으면 쉽게 말하는 강철이 에스더는 좀 부러워 보이기도 했다. 로빈의 질문에 답하면서 에스더도 이 게임을 한 번 더 해 보고 싶다는 생각을 하고 있었다.

"하하하 역시 강철 과장님은 센스가 있으세요. 안 그래도 한 번 더 하려고 했습니다. 이 게임은 원래 두 번째 할 때 실력이 발휘되는 겁니다. 근데 중요한 것은 블록 게임 자체가 아니라 지금 우리가 배운 다섯 개의 질문을 익히는 겁니다. 그래도 게임은 게임이니까 두 번째 게임에서는 꼭 성공하시기 바랍니다. 땡! 땡! 시작하십시오."

로빈의 종소리와 함께 모두들 바쁘게 움직이기 시작했다. 그림을 잘 그리는 진솔이 일 순위로 나갔다. 그리고 서로 역할에 맞게 움직였다. 멤버들도 이번에는 제대로 해 보자는 열의에 모두들 자리에서 일어섰다.

"만세!"

최강철이 손을 들고 외쳤다. 로빈은 모형 앞으로 와서 정답 여부를 확인한 다음 "정답!"이라고 외쳤다. 사람들은 모두 어린아이처럼 좋아했다. 멤버들은 모두 오랜만에 하이파이브하며 즐거워했다.

"AAR에 대한 본격적인 강의는 다음 주 월요일에 워크숍을 통해서 설명 드리도록 하겠습니다."

점심시간은 즐거운 분위기로 화기애애했다. 브랜드의 위기로 침체되었던 그들의 마음이 오랜만에 무엇인가를 성취하고 쉼을 얻는 기분이었다. 4월을 맞는 봄 날씨가 무르익고 있었다.

피드백 게임 AAR (1차 시도 후)

1. 얻고자 한 것은?
  7분 내에 블록 완성하고 무료 점심 식사

2. 얻은 것은?
  점심 식사 얻는 데 실패, 절반도 완성하지 못함,
  팀워크의 원리와 교훈

3. 차이와 그 원인은?
  |차이 1|
  블록 완성을 하지 못함
  시작 전에 계획 시간을 효과적으로 활용하지 못 했음
  관찰 순서를 정해서 역할을 나누지 못함
  적은 부분이라도 정확하게 관찰하지 못함

  |차이 2|
  팀워크에 대한 교훈을 발견함
  멤버들과 역할을 분담하고 빠른 의사소통이 필요하다는 것을 발견함
  내가 옳다고 생각 하더라도 다른 멤버의 의견을 존중해 주어야 함
  자신이 맡은 부분은 책임지고 확실히 관찰해야 함

4. 해야 할 것은?
  사전 계획 시간을 활용
  리더와 의사소통, 역할 분담 등 원리를 적용해야 함
  개인별 관찰 능력 향상

5. 하지 말아야 할 것은?
  멤버들 간에 준비나 역할 분담 없이 바로 실행에 들어가는 것
  자기 주장만을 강조하는 것
  목표에 몰입하지 않고 포기 해 버리는 것

9장

아버지가 남긴 액자

유리창 밖은 하루가 다르게 봄의 풍경을 갖춰가고 있었다. 따사로운 봄 햇살이 대지를 어루만지고 길가 양 옆에는 벚꽃이 흐드러지게 피어있었다. 에스더는 부모님의 묘지를 다녀오는 길이었다. 핑크색 운동화를 신고 길게 뻗은 길을 걷다보니 기분이 좋아지는 것 같았다. 흙이 곱게 깔린 길 위를 사뿐 사뿐 걸을 때마다 마음이 평안해졌다.

집안에 들어와 재즈 피아노 연주를 틀어놓은 채 소파에 기대앉은 에스더는 눈을 감았다. 지난 주 특강 시간들이 생각났다. 앞에서 열강을 하던 로빈의 얼굴도 떠올랐다.

'AAR, 행동한 다음에 돌아본다.…'

아무에게도 말하지는 못했지만, 에스더는 자신에게 닥친 위기를 잘 극복하고 싶었다. 아니, 위기를 극복하는 정도가 아니라 성공하고 싶었다. 무난한 사람이 아니라 잘하는 사람이 되고 싶었다. 그래서 평화의 말대로 이번 기회를 잡고 싶었다. 하지만 마음속에는 아직도 석연찮은 감정이 남아있었다.

'돌아보는 것이 더 잘하는 방법이라고? 어떻게?'

현빈의 얼굴도 떠올랐다. 고등학교를 졸업한 후 명문대에 들어간 그는 에스더에게 물었었다.

"에스더, 성적이 되는데 왜 굳이 지방대를 가겠다는 거야? 우리나라에서 아직은 학교의 타이틀이 중요해."

이해가 안 간다는 듯이 무표정한 얼굴로 묻는 그의 얼굴이 지나갔다. 4년 내내 장학금을 받으며 다닐 수 있는 기회를 놓칠 수는 없다고 웃으며 말해주던 장면이 오래된 영화처럼 아득하게 지나갔다. 현빈은 대학시절에도 과에서 톱을 달리며 졸업도 하기 전에 대기업에 스카우트되었다. 영어실력도 유창한 그는 한국과 미국을 옆집 다니듯이 다녔다.

대학 4년을 지내고 돌아온 서울에서 다시 만난 현빈과는 계속 돈독한 사이로 지내고 있지만 친구 그 이상도 이하도 아니었다. '만약 지방으로 가지 않았더라면….' 하는 생각을 수십 번은 더 한 것 같다.

"네가 서울에 있었더라도 나는 너와 사귀지 않아. 너 같은 말괄량이에 일만 저지르고 다니는 여자는 딱 질색이거든."

갑자기 눈앞에 현빈이 나타나 말했다. 에스더는 어찌 된 영문인지 몰라서 그 앞에 얼음같이 서 있었다.

꿈이었다. 소파에 기대어 앉아 잠든 사이 창밖에는 어둠이 이미 짙게 깔려 있었다. 피아노 연주곡은 이미 끝나서 거실에는 정적이 흘렀다. 에스더는 아직도 얼떨떨했다. 꿈인지 현실인지 경계가 모호했다. 서둘러 휴대폰의 문자 메시지를 확인했지만 아무것도 오지 않았다. 에스더는 조심스레 현빈에게 문자를 보냈다.

[출장 잘 다녀왔어?]

몇 초 후 답장이 왔다.

[응, 선물 사왔으니까 내일모레 보자.]

에스더는 안도의 숨을 내쉬며 '오케이'라고 답장을 보냈다.
16년 전, 부모님이 돌아가신 뒤에도 에스더는 부모님의 흔적을 모두 없앨 수가 없었다. 유품의 대부분은 방 한 가득 보관을 해두었기 때문에 그 방은 마치 아버지의 서재 같았다. 가끔 들어가서 한 가득 쌓여있는 물건들에 먼지도 털어주고 정리도 하곤 했다. 그 방에 들어간 에스더는 먼지를 닦기 시작했다. 몇 달이 지나도록 청소를 못했기 때문에 책장 위에는 먼지가 수북이 쌓여 있었다.
청소를 마칠 때 쯤, 책장 맨 위 칸에 꽂혀있는 두꺼운 앨범이 보였다. 에스더는 그 앨범을 꺼내기 위해 손을 뻗었다. 손끝에 힘을 주고 앨범을 바깥으로 꺼내는 순간 책장 선반 위에 놓여있던 액자가 둔탁한 소리를 내며 바닥으로 떨어졌다.
"아야!"
액자 모서리에 발을 찧은 에스더는 발을 잡고 동동거렸다. 그곳에 놓여있는지도 몰랐던 아주 옛날 액자였다. 액자 주변에 빛 바랜 청동색 처리가 된 아주 얇은 쇠로 된 손바닥만 한 액자. 발등의 통증을 느끼며 액자를 집어 드니 먼지가 너무 쌓여서 유리 안이 희미하게 보였다. 사진이 아닌 뭔가 글씨가 적혀 있는 것 같았다. 방을 청소하던 걸레로 유리를 깨끗하게 닦아내자 액자에는 이렇게 쓰여 있었다.

'형통한 날에는 기뻐하고 곤고한 날에는 되돌아보아라'

에스더는 그 문장을 눈으로 한 글자씩 또박또박 읽어보았다. 글씨는 아버지의 친필이었다. 문장을 몇 번이나 반복해서 읽어보니 '돌아보아라'라는 단어가 눈에 깊숙이 들어왔다. 로빈이 말하던 피드백이 생각났다. 곤고한 지금 이 순간 정말 필요한 것은 돌아보는 것, 피드백이다. 돌아보고 잘 할 방법을 찾아서 개선하는 것이 최선의 길이다.

'아버지…… 이게 저에게 하시고 싶은 말씀인가요?'

에스더는 그 방에 앉아 액자를 끌어안은 채 한동안 눈을 감고 있었다.

다음날 아침 일찍 찾아간 로빈의 사무실 앞에는 베이지색 소파가 있었다. 복도의 벽은 전면 유리로 되어있어서 바깥의 풍경이 환하게 들어왔다. 이른 아침인데도 분주하게 움직이는 사람들이 꽤 많이 있었다. 잠시 후 로빈이 계단으로 걸어오는 모습이 보였다. 그는 하늘색 재킷을 입고 있었다. 유리창을 통해서 고스란히 들어오는 이른 아침의 햇살이 그의 재킷에 반사되어 환하게 보였다. 그가 붉은 안경테 너머로 에스더를 쳐다보며 말했다.

"에스더양 아닌가요."

그는 의아하다는 듯이 그녀를 쳐다보며 말했다. 갑작스러운 방문

에도 반갑게 맞아주었다.

"네. 말씀도 없이 찾아와서 죄송해요. 헤헤. 일대일 코칭 쿠폰 쓰러 왔어요."

에스더는 쿠폰을 손에 들고 흔들며 익살스럽게 웃었다.

"그렇군요. 괜찮아요. 들어오시죠."

그의 사무실에 들어서자 헤이즐넛 향기가 가득했다. 사무실은 깨끗하게 정돈되어 있었다. 로빈은 에스더에게 커피를 대접하기 위해 머그잔을 꺼내고 있었다.

"사무실이 참 좋아 보이네요."

에스더가 로빈이 건네는 커피를 받으며 말했다.

"사실은 이걸 보여드리려고 왔어요."

에스더는 가방 안에서 액자를 꺼내어 로빈에게 내밀었다.

"오래된 액자네요."

"네, 맞아요. 그건 저의 아버지의 유품이에요."

"형통한 날에는 기뻐하고 곤고한 날에는 되돌아 보아라."

로빈은 눈으로 액자의 글씨를 조용히 읽었다.

"사실은 어제 피드백 게임을 하고 나서도 반신반의했거든요. 뭔가 마음속에 석연치 않은 부분이 있었죠. 그런데 아버지의 유품에 적힌 이 액자가 신기하게도 피드백을 하라고 말해주고 있는 것 같았어요. 우연이지만 너무 신기하기도 하고, 이것이 인생의 지혜구나… 하는 생각도 들었거든요. 그래서 코치님께 보여드리고 싶었어요."

"에스더 대리님에게는 항상 역동적인 에너지가 느껴지곤 했는데, 아주 오래 전부터 피드백은 에스더 대리님에게 밀접한 연결 고리 같은 게 있었던 셈이군요."

로빈은 환하게 웃으며 에스더에게 말했다.

"아버지께서는 항상 책을 좋아하시고 코치님처럼 유쾌한 분이셨어요."

"그렇게 말해주니 기분이 좋은데요. 하하. 항상 느끼는 거지만 에스더는 엔도르핀 같은 사람이에요."

로빈은 대화를 나눌수록 깊이가 느껴지는 사람이었다. 그의 이야기는 모두 마음에 와 닿았다. 헨리 회장과 로빈이 대학 선후배 사이였다는 흥미로운 사실도 알게 되었다. 로빈과 헨리의 대학시절 이야기는 흥미진진했다. 한참을 웃다가 시계를 보니 벌써 근무시간이 다 되었다.

"그럼 엔도르핀은 워크숍 시간에 뵙겠습니다."

에스더는 총기가 넘치는 표정으로 로빈에게 인사를 한 뒤 사무실을 나왔다. 뭔가 기분 좋은 일들이 생길 것 같았다.

10장

성장하고 싶다면 피드백하라!

　차에서 내리자 눈부신 햇살만큼이나 흐드러지게 핀 벚꽃이 반겨주었다. 경춘 국도를 타고 달려온 양평은 확실히 서울과는 공기가 달랐다. 에스더는 심호흡을 했다. 가까운 곳에서 듣기 좋은 새소리가 들려오고 바람도 흙을 타고 조용히 불어와 얼굴을 스쳤다.
　세미나실은 아주 깨끗했다. 남향으로 난 창문을 타고 봄의 아름다운 햇살이 쏟아져 들어오는 기분 좋은 곳이었다. 연수원으로 오는 동안 로빈이 전에 일하던 곳에서 실수했던 이야기를 하도 생생하게 들려주어서 훨씬 친근해졌다.
　"이번 시간에는 제가 좀 강의를 할 예정입니다. 사실 오늘 저는 매우 기쁩니다. 피드백 컨설팅의 핵심적인 내용이라고 할 수 있는 'AAR After Action Review'을 여러분에게 소개하는 날이기 때문입니다. 전 시간에 게임을 했던 것도 AAR을 소개하기 위한 것이었습니다. 여러분이 이것을 익히게 된다면 마치 호랑이가 날개를 단 격이 될 겁니다. 여러분의 열정과 지식에 날개를 달아 주는 것이지요."

"AAR_{After Action Review}? 근데 그게 무슨 뜻이죠?"

강철이 의자에서 등을 떼면서 물었다.

"답을 하기 전에 먼저 제가 질문 하나를 드리지요. 여러분은 지금까지 살아오면서 지식과 실력 면에서 언제 가장 크게 성장했다고 생각하나요?"

로빈은 질문을 한 후 엄성실을 바라보았다. 먼저 대답을 하라는 일종의 신호였다.

"성장이라면 베티로니를 오픈할 때 전국의 공장을 다니면서 생산라인을 구축할 때였던 것 같습니다."

"그거야 현장에서 구르고 뛸 때죠. 제가 매장 지점장으로 있을 때 아침 일곱 시에 출근해서 저녁 열 두 시가 되어 퇴근해도 즐겁고 뭔가 배우는 느낌이 있었어요. 그 때가 제가 최고로 성장한 때였어요."

성실의 말이 끝나자마자 강철이 자신 있게 말했다.

"그렇군요. 진솔 실장님은 언제 가장 많이 배운 것 같아요?"

로빈이 진솔이 앉아 있는 곳으로 가까이 가서 물었다.

"글쎄요. 전 캐릭터 디자인에 관해서는 어느 정도는 자신 있어요. 베티로니의 열 가지 캐릭터를 완성할 때가 가장 성취감이 컸죠."

대답하는 진솔의 목소리에 자부심이 느껴졌다. 지금 베티로니의 열 가지 캐릭터와 진솔은 사실 떼려야 뗄 수 없는 관계다. 디자이너에게 캐릭터는 자식과도 같은 존재인 것이다.

"맞습니다. 실제로 한 여론 조사 기관에서 직장인들에게 언제 가장 많이 성장했냐는 질문을 했습니다. 그 질문에 가장 많은 대답이 바로 '나의 업무에서 문제를 해결한 경험'을 이야기 했습니다. 이어서 '도전적인 프로젝트에 참여했을 때', '성과를 인정받고 가르칠 때', 그리고 '코칭이나 멘토링을 받을 때'라고 대답했다고 합니다."

> **언제 가장 성장했습니까?**
> ▶ 나의 업무에서 문제를 해결한 경험
> ▶ 도전적인 프로젝트에 참여
> ▶ 성과를 인정받고 가르칠 때
> ▶ 코칭이나 멘토링을 받을 때

"지식근로자의 성장과 관련해서 경영학의 아버지라고 불리는 피터 드러커는 '역사상 알려진 유일하고도 확실한 학습 방법은 피드백이다.'라고 말했습니다. 사실 이 말은 매우 강한 표현입니다. 이렇게 모여서 강의를 듣는 것도 엄밀히 따지면 학습이 안 된다는 말이기도 하니까요."

"그럼 지금 이런 시간이 필요 없다는 뜻입니까?"

강철이 즉시 질문했다.

"그렇지는 않습니다. 강의나 책을 통해서 지식을 습득한다 하더라도 실제 자신이 행동해 보고 그 과정을 통해서 해야 할 것과 하지 말아야 할 것을 발견하는 것이 진정한 의미의 학습이라는 뜻입니다. 실제로 아무리 많은 책을 읽고, 강의를 듣는다 하더라도 자신의 삶에 적용하지 않는다면 학습하고 성장했다고 볼 수 없겠지요."

에스더는 자신의 인생에서 피드백이 얼마나 큰 영향을 줄 것인지 알지 못하고 있었다. 그러나 평소의 습관대로 로빈이 강조하는 부분을 밑줄을 쳐 가며 노트에 기록했다.

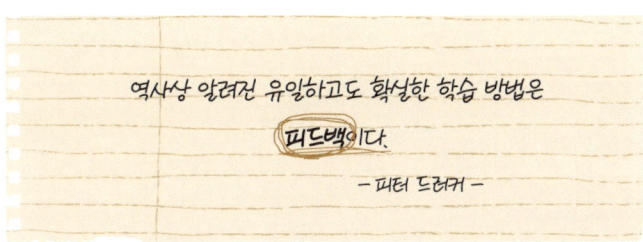

11장

피드백을 위한
다섯 가지 질문

"사실 피드백의 방법은 여러 가지가 있습니다. 기도나 묵상, 참선 등의 방법도 있고, 일대일 코칭이나 평가를 통해서 피드백을 하기도 합니다. 그러나 이런 방법들은 개인적 역량에 따라 차이가 많이 나고, 공유하기 어려우며, 비용도 많이 드는 방법들입니다. 그래서 우리는 매우 간단한 다섯 가지 질문을 통해서 조직 내에서 피드백 언어를 일치시키고 다른 사람과 쉽게 공유할 수 있는 방법을 개발했습니다. 그것이 전 시간에 함께 나누었던 다섯 개의 질문으로 구성된 AAR After Action Review 입니다."

로빈은 생수를 한 모금 마시고 말을 이었다.

"단순한 질문이지만 답을 하는 것은 간단한 일이 아닙니다. 전 시간에 함께 한 피드백 게임을 통해서 발견했듯이 여러 사람이 다양하게 답을 할 수 있습니다. 이 AAR방법은 미 육군에서 교육훈련 성과향

🌿 미 육군의 AAR 4Q 🌿

What was expected to happen?
무슨 일이 일어날 것을 기대했습니까?

What actually occurred?
실제로 무슨 일이 일어났습니까?

What went well, and why?
무엇이 잘 되었고 왜 그랬습니까?

What can be improved, and how?
무엇이 개선될 수 있고 그 방법은 무엇입니까?

— U. S. Agency for International Development —

상을 위해 개발한 방법과도 유사합니다. 미 육군은 AAR의 네 가지 질문을 개발해서 지난 20여년 전부터 지속적으로 활용하며 발전해 왔습니다. 실제로 미군은 이라크 전에서도 AAR을 활용해서 전투력 향상에 기여했다고 합니다. 실행을 통해서 발생한 문제점과 보완하여야 할 사항 등을 점검하고, 이를 개선하기 위한 방법을 찾는 겁니다."

"전쟁하다가 AAR을 한단 말입니까?"

강철이 물었다.

"맞습니다. 목숨이 걸려 있는 전쟁 상황에서도 따로 시간을 내서 피드백한다는 것이 대단하게 느껴지지요? 미 육군에서는 효과적인 AAR을 위해서 AAR 진행 장교와 피드백 교관을 별도로 양성하고 부대에 파견하기까지 하고 있으니까 피드백에 목숨 걸었다고 해도 과언이 아니지요. 그러니까 바빠서 피드백할 시간이 없다고 말하는 것은 주유소에서 기름 넣을 시간이 없다고 말하는 운전자와 같은 셈입니다."

로빈은 잠깐 쉬려는 듯 테이블 위에 있는 투명한 유리잔에 담겨 있는 생수를 마시고 계속 말을 이어갔다. 그리고 미리 준비해 둔 종이를 멤버들에게 한 장씩 나누어 주었다.

"지금 나누어 드리는 것은 AAR을 통한 피드백에 관한 핵심적인 내용을 요약한 것입니다. 제 설명에 앞서 잠시 읽어 보실 시간을 드리겠습니다."

로빈이 나눠준 종이에는 'AAR의 다섯 가지 질문'을 포함한 AAR에 관한 핵심적인 내용들이 적혀 있었다. 에스더는 빠른 속도로 읽어 내려갔다.

AAR (After Action Review)

🍃 AAR(After Action Review)의 다섯 가지 질문

1. 얻고자 한 것은 무엇인가?
2. 얻은 것은 무엇인가?
3. 차이와 그 원인은 무엇인가?
4. 해야 할 것은 무엇인가?
5. 하지 말아야 할 것은 무엇인가?

🍃 AAR의 열 가지 유익

1. 학습의 순환 고리에 실행을 포함 시킨다.
2. 개인과 팀이 가진 진정한 강점과 약점을 발견하게 해 준다.
3. 성공과 실패의 원인을 근본적으로 파악할 수 있는 기회를 제공한다.
4. 실행하면서 직면한 문제점들에 대해서 지식을 확보할 수 있다.
5. 피드백을 고려한 행동을 하기 때문에 보다 숙련된 경험을 하게 된다.
6. 현실적이고 실현 가능한 성과를 위한 목표를 세우는데 능숙해진다.
7. 실행하는 과정의 행동들에 대해서 관심과 동기를 증가시킨다.
8. 함께 하는 팀원들과 문제에 대한 공감대를 형성하게 된다.
9. 팀 내 의사소통 및 실행 과정의 갈등을 해결하는 장을 제공한다.
10. 팀의 목적과 룰을 설정하고 확인하거나 보완하는 장을 제공한다.

AAR (After Action Review)

두 종류의 AAR

| 프로젝트 AAR |
- 특정한 문제를 해결하기 위해 수행하는 프로젝트를 진행하는 과정에서 팀원들이 함께 하는 AAR
- 팀원들이 함께 모여서 토의 과정을 통해 질문의 답을 찾아감
- 공동의 프로젝트 목적 달성에 초점

| 과업 AAR |
- 개인 및 팀의 통상적인 과업을 수행하는 과정에서 정기/비정기적으로 시행하는 팀원들이 함께 하는 AAR
- 단위별 책임자에 의해 수행되고 일/주/월간/분기 등 정기적인 활동을 공유
- 단위별 과업 수행의 효과성 달성에 초점

피드백을 위한 가장 효과적인 질문!

AAR is …
1. 역동적이고 허심탄회하게 이루어지는 전문적인 논의이다.
2. 사건, 업무, 활동의 결과물에 중점을 둔다.
3. 잘된 점을 지속시키는 방법을 찾는다.
4. 결점을 수정하고 강점을 지속하는 방법을 찾는다.
5. 실행한 모든 사람의 참여와 논의를 통해서 발전한다.

AAR is not …
1. 비판하거나 불평하는 회의
2. 철저한 평가
3. 만병통치약

효과적인 AAR 미팅
1. 리더들의 지원이 있을 때
2. 행동한 후 개인과 팀에 의해 즉각적으로 이루어 질 때
3. 참여자들이 허심탄회하게 말하기로 합의를 보았을 때

진솔은 아직 중간쯤 정도에 밑줄을 쳐 가며 읽고 있었다. 에스더는 진솔보다 먼저 다 읽은 것이 약간 통쾌했다. 로빈은 모든 멤버들이 거의 읽었을 쯤에 다시 강의를 시작했다.

"이제 여러분이 읽은 AAR의 원리를 천천히 하나씩 이야기 해보겠습니다. 먼저 AAR의 다섯 가지 질문을 한 가지씩 이야기 해 봅시다. 첫 번째 질문은 '얻고자 한 것은 무엇이었는가?'입니다. 이 질문은 피드백을 위한 논의의 시작을 알리는 질문입니다. 행동하기 전에 계획할 때 어떤 의도나 목표를 가지고 있었는지에 대한 질문입니다. 전 시간에 피드백 게임에서 얻고자 했던 것은 블록의 완성, 점심 식사하기, 팀워크 경험하기가 얻고자 하는 것이었습니다."

에스더는 전 시간에 기록해 두었던 노트를 열어 보았다. 거기엔 피드백 게임에서 얻고자 했던 것이 무엇이었는지 정리해 두었던 기록이 로빈의 말처럼 적혀 있었다. 로빈이 새롭게 들어 보인 종이 보드에 AAR 첫 번째 질문에 대한 설명이 적혀 있었다. 에스더는 얼른 그것을 받아 적었다.

AAR 첫 번째 질문 : 얻고자 한 것은?
- 행동하기 전에 의도했던 목표와 계획
- 측정 가능한 기대성과
- 팀과 개인들의 행동 목표

"AAR의 두 번째 질문은 '얻은 것은 무엇인가?' 하는 것입니다. 이 질문은 실제로 행동하면서 무슨 일이 일어났고, 어떤 결과가 발생했는지에 대한 질문입니다. 무엇이 잘 되었고 잘 된 이유는 무엇인지, 무엇이 안 되었고 안 된 이유는 무엇인지를 발견 해 내는 것입니다. 팀으로 토의할 경우에 이 질문에 대해서는 매우 비평적인 태도로 서로 대답해야 합니다. AAR은 문제를 해결하고 개선점을 찾는 것이지 평가하고 비판하는 것이 목적이 아니기 때문입니다. 의도하지 않았던 일이나 예상치 못했던 일을 포함해서 결과를 검토해야 합니다. 또한 행동에 영향을 미친 시장이나 고객, 관련한 부서들의 영향에 대해서도 그 결과를 고려할 필요가 있습니다. 우리의 성과에 영향을 주는 요소이기 때문에 그렇습니다."

로빈의 설명에 엄성실이 조용히 있다가 입을 열어 말했다.

"그러니까 '얻은 것'이라는 것은 성과를 낸 것만 이야기 하는 것이 아니라 행동하는 과정에서 발생한 모든 것을 돌아보라는 말씀이군요."

"네 맞습니다. 특별히 모든 일에는 세 가지 차원의 결과가 항상 있기 마련입니다. 그 첫 번째는 '직접적인 성과'입니다. 재무적이거나 실제 일을 하기 위해 설정한 가시적인 목표들이 그것입니다. 두 번째는 '간접적인 성과'입니다. 지식 성과라고도 하는데 이는 행동을 하면서 그 일에 관한 지식을 발견하게 되는 것을 말합니다. 지식 근로자는 이런 행동을 통한 지식의 습득을 매우 중요한 성과로 인식합니다. 마지막으로 '학습 성장'입니다. 행동을 한다는 것은 무엇인가 사람이 성장하고 있다는 것을 말합니다. 그래서 행동한 이후에는 반드시 그 행동을 통해서 배우게 된 사람이 존재합니다."

"그러니까 지난 시간에 블록 게임을 할 때 블록을 맞히는 과정에서 점심을 먹었을 뿐 아니라 팀워크에 대한 원리도 발견하게 되었고, 또 함께 한 우리 멤버들의 성장도 중요한 성과라고 보라는 것이지요?"

로빈은 에스더의 명쾌한 대답에 호탕하게 웃으며 말했다.

"하하하 네 그렇습니다. 역시 에스더 대리는 요약을 참 잘 하는군요."

로빈의 칭찬은 기분이 좋았다. 적절한 때에 정곡을 찌르는 칭찬이었다. 다른 멤버들도 에스더와 같은 생각인 것처럼 보였다.

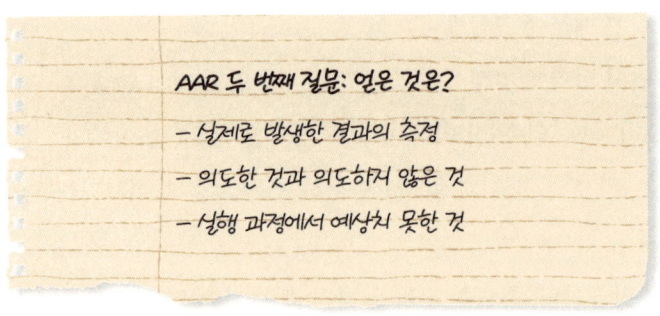

"AAR의 세 번째 질문은 가장 중요한 질문이고 피드백의 핵심이 되는 질문입니다. '차이와 그 원인은 무엇인가?'입니다. 두 번째 질문의 답으로 나온 결과의 원인을 분석하는 단계입니다. 의도했던 것과 실제 결과와의 차이를 명확하게 하고 그 원인을 규명하는 것입니다. 이는 기대한 것 이상의 결과가 나온 경우와 그렇지 않은 경우 두 가지가 다 있을 수 있습니다. 보통 성공보다는 실패의 원인을 찾아내기가 쉽습니다. 일반적으로 사람들은 잘못된 것에 집중하는 경향이 있기 때문입니다. 그러나 성공의 요소를 발견하는 것은 실패에 대해 논의하는 것만큼 중요합니다. 성공적인 상황에서는 통상 어떤 판단이 효과적으로 작용했는지, 계획한 것을 실행하는 과정에서 어떤 요소들이 효율적이었는지, 의도하지 않았거나 예상치 못한 상황에서 어떤 행동들이 있었는지를 발견하는 것을 포함합니다. 이런 과정을 통해서 잘 된 점에 초점을 맞추면 개인과 조직의 효과성과 실행력을 증대시킬 수 있는 최고의 기회가 됩니다. 이 기회를 놓치지 마십시오."

"성공적인 상황에서 피드백을 해 본지가 오래 된 것 같네요. 그런 피드백 한번 해 보고 싶습니다."

앞에 앉아 있던 강철이 푸념하듯 한마디를 했다. 강철도 로빈의 강의를 들으면서 노트에 열심히 기록하고 있었다.

"그렇습니다. 우리는 통상 계획했던 것 보다 늘 부족한 결과를 가지고 살아가게 됩니다. 그런 결과를 피드백하는 것은 고통스러운 과정이기도 합니다. 그래서 결과를 돌아 볼때는 '누구'에게 초점을 맞추는 것이 아니라 '무엇'에 초점을 맞추어서 피드백 해야 합니다. 원래 어떤 결과가 나타났어야 하는지 무엇이 잘 못 되었는지를 가려냅니다. 개인차원의 실수를 가려내더라도 인격과 연관된 것이 아니라 '행동'에 집중하고 어떻게 '행동'했어야 하는 것인지에 논의를 집중합니다. 또한 AAR 미팅의 결과로 인사결정에 반영하거나 징계의 근거로 삼는 것은 좋지 않습니다. 그런 평가는 결국 개개인의 학습 발전과 팀의 실행력을 저해하기 때문입니다. 스스로 피드백을 하는 경우 마찬가지로 개인의 태도나 인격, 자질의 문제로 돌려서는 개선점을 찾기가 어렵습니다.

　마지막으로 차이의 원인을 규명할 때 주의해야 할 것은 '외부원인을 금지'하는 것입니다. 차이의 원인을 외부. 즉, 시장상황이나 고객의 상황으로 돌리게 되면 개인과 조직의 실력을 증가시키는 피드백의 본래 목적에 부합하지 않습니다.

　유능한 뱃사공은 바람과 파도를 탓하는 것이 아니라 이를 이용해서 오히려 목적지에 더 빨리 도착한다는 격언이 있지요. 예를 들어서 주유소에서 일하는 지점장이 500드럼의 기름을 판매하기로 했는데 300드럼을 판매했다고 칩시다. 차이와 원인이 유가 상승과 소비 심리 악화로 300드럼 밖에 팔지 못했다고 피드백 한다면 어떻게 될까요? 그 지점장은 유가 상승이 되는 한 계속해서 문제를 해결할 수 없을 것입니다. 또 화재를 진압하러 현장에 출동한 소방관이 건물 내부에 인화성 물질이 있어서나 바람이 많이 불어서 진화를 못했다고 말한다면 아무도 그를 실력이 있는 소방관이라고 말하지 않을 것입니다. 피드백은 그런 외부 상황속에서 자신이 더 잘할 방법을 찾아가는 것입니다."

　'사실 외부원인이 진짜 원인이라고 생각하는 경우가 많은데….'
　에스더는 지금도 실패의 핵심적인 원인은 외부에 있는 것만 같았다. 로빈은 앞에 놓인 화이트보드에 '5WHYS'라고 적었다.

　"AAR의 3번 질문에 답을 할 때는 문제의 원인을 분석하기 위해서 5Whys 기법을 사용하기도 합니다. 이는 왜 그런 일이 발생했는지에 대해서 5번 질문을 반복하는 것입니다. 이에 관한 재미있는 일화를 하나 소개 하겠습니다. 미국 워싱턴 주에 있는 제퍼슨 기념관은 돌로

된 벽이 심하게 부식되어 전면적인 보수작업이 불가피하게 된 적이 있습니다. 방문객들은 관리 소홀에 대해서 불만을 터트렸고 기념관의 이미지는 악화되었습니다. 시간과 비용이 엄청나게 발생하게 된 것입니다. 기념관은 이 문제의 원인을 5why 기법을 통해서 발견하고 해결했는데 그 내용은 이렇습니다."

로빈은 테이블 위에 있던 종이 보드를 꺼내어서 책상에 세워 두었다. 제퍼슨 기념관의 5why가 거기 적혀 있었다.

제퍼슨 기념관의 대리석 부식 문제 해결 5Whys

차이: 기념관의 대리석이 심하게 부식되고 있다.
- Why 1_ 대리석을 비누 물로 너무 자주 닦기 때문이다.
- Why 2_ 비둘기가 많아 비둘기의 배설물들이 많이 떨어지기 때문이다.
- Why 3_ 기념관에 비둘기가 좋아하는 거미들이 많기 때문이다.
- Why 4_ 해지기 전에 야간 전등을 켜서 거미들의 먹이인 나방이 많이 모여들기 때문이다.
- Why 5_ 기념관 직원들이 퇴근 시간이 다른 건물에 비해 빨라서(오후5시) 일찍 야간 전등을 켜기 때문이다.

대안: 기념관 직원들의 퇴근 시에 야간 전등을 켜지 않고 다른 건물들과 동일한 시간에 전등을 켠다.

"아니 그렇게 간단하게 문제를 해결했다는 말입니까?"

"물론 복합적인 이유와 해결책이 있겠지만 5Whys가 문제의 원인을 발견하는 효과적인 방법이라는 것을 보여주는 예입니다. 만약에

2Whys나 3Whys 수준에서 원인 분석을 마무리 하고 대안을 정했다면 아마 기념관 직원들은 비둘기를 쫓아내거나 거미를 걷어내는 일을 했겠지요? 하하하."

로빈이 우스꽝스럽게 비둘기를 쫓는 듯한 행동을 하자 모두들 크게 웃었다.

> AAR 세 번째 질문: 차이와 원인은?
> - 예상했던 결과와 실제 발생한 결과의 차이점
> - 성공의 요소와 실패의 요소에 대한 측정 결과
> - 결과의 원인 및 배경 분석
> - 외부 요인과 태도 원인을 금지
> - 필요 시 5Whys를 활용한 핵심 원인의 발견

"이제 AAR의 네 번째 질문입니다. 세 번째 질문에서 성공과 실패의 원인이 규명되고, 차이를 가져온 핵심적인 요인이 발견된다면 네 번째 질문에 대한 답은 비교적 쉽게 나올 수 있습니다. 다음 계획에 포함할 사항을 행동 수준으로 구체적으로 생각하는 것입니다. 개인이나 팀의 새로운 목적이나 목표가 여기에 해당 될 것입니다.

해야 할 것들은 정책, 시간의 사용, 강점의 활용, 의사소통, 우선순위의 결정, 자원의 배분이나 집중 등 다양한 차원의 피드백에서 얻은 결과를 적용합니다. 또한 변화된 상황에서 유효한 지식들을 선택하고 우선적으로 실행할 리스트에 올립니다. 지난번 시간에 함께 했던 피드백 게임에서 여러분들이 두 번째 게임을 하기 전에 적용했던 행동들이 여기에 해당됩니다."

"세 번째 질문을 통해서 발견한 지식과 교훈을 네 번째 질문에서 적용하는 것이군요?"

"그렇습니다. 에스더 대리님! 여기서 주의해야 할 점은 실행이 가능한 구체적인 행동 수준으로 표현하는 것입니다."

> AAR 네 번째 질문: 해야 할 것은?
> - 다음에 할 때 더 잘 할 방법
> - 실제 발생한 결과에서 발견한 요소
> - 피드백 과정을 통해서 새롭게 발견한 적용점들

"이제 마지막 다섯 번째 질문입니다. 다섯 번째 질문인 '하지 말아야 할 것은 무엇인가?'는 AAR 전체 과정 중에서 마지막 기회를 갖는 질문입니다. 네 번째 질문까지의 대답을 통해서 아직 발견되지 않은 것들이 무엇이 있는지 확인합니다. 특별히 실행하는 과정에서 하지 말아야 할 것으로 발견된 행동에 대해서 명확하게 교훈을 삼는 것입니다. 자신이나 팀이 동일한 실수나 실패를 반복하지 않도록 하기 위해서 꼭 남겨 두어야 할 것을 생각하고 기록합니다. 역시 태도나 외부 상황에 대해서 초점을 두는 것이 아니라 어떤 행동을 하지 말아야 하는지 구체적인 요소가 드러나도록 고민합니다. 우리는 무엇인가 해야 할 것으로부터도 배우지만 하지 말아야 할 것이 무엇인가를 통해서도 매우 중요한 통찰을 갖기 때문입니다. 피드백의 결론을 '해야 할 것과 하지 말아야 할 것을 아는 것'이라고 정의를 내리는 것도 이 때문입니다.

전 시간 피드백 게임을 할 때 여러분이 내린 결론 중에는 하지 말아야 할 것이 많았습니다. 실행한 결과가 기대한 것에 못 미칠 때 하지 말아야 할 것에 대한 교훈을 많이 얻게 되는 법입니다."

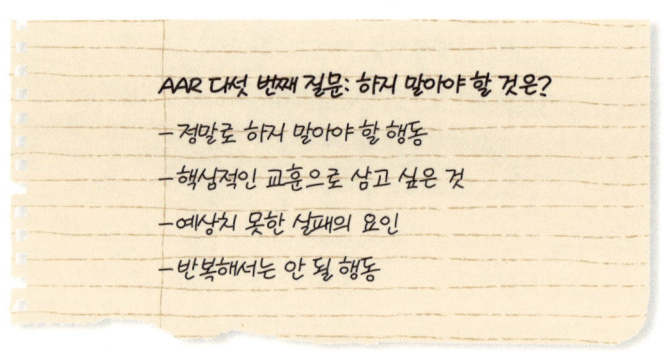

"여기까지 AAR의 다섯 가지 질문에 대해서 간단하게 알아보았습니다. 이번에는 샘플을 함께 보시죠!"

로빈은 덮어 두었던 종이 보드를 한 장 더 들어 올렸다. 왼쪽은 Bad AAR 오른 쪽에는 Good AAR이라는 제목의 샘플이었다. 로빈은 표를 가리키며 익살스러운 표정을 지었다.

AAR
Simple Sample A

5kg 다이어트 하기 (어느 직장인)

1. 얻고자 하는 것은?
  ▶ 몸무게 5kg 감량

2. 얻은 것은?
  ▶ 2kg 감량

3. 차이와 그 원인은?
  ▶ 3kg 부족 - 어머니가 저녁 간식을 자꾸 주셔서 먹게 됨

4. 해야 할 것은?
  ▶ 어머니가 간식을 안 주셔야 함

5. 하지 말아야 할 것은?
  ▶ 저녁 간식을 먹는 것

1. 얻고자 하는 것은?
  ▶ 몸무게 5kg 감량

2. 얻은 것은?
  ▶ 2kg 감량

3. 차이와 그 원인은?
  ▶ 3kg 부족 - 어머니의 저녁 간식을 미리 조절하지 못 함
      식사 후 늦게까지 야근해서 허기짐

4. 해야 할 것은?
  ▶ 오늘 저녁 집에 가서 어머니에게 말씀 드리는 것
  ▶ 저녁에 일찍 집에 들어가기

5. 하지 말아야 할 것은?
  ▶ 별도의 설명 없이 어머니의 행동이 변화되기를 기대하는 것
  ▶ 야근 늦게까지 하기

AAR
Simple Sample B

여름 매출 1억 달성하기 (패션 매장 지점장)

1. 얻고자 하는 것은?
   ▶ 8월 매출 1억 달성

2. 얻은 것은?
   ▶ 6,000만원 달성

3. 차이와 그 원인은?
   ▶ 4,000만원 미달 - 장마로 입점 고객이 절반으로 줄었음

4. 해야 할 것은?
   ▶ 비가 오지 않아야 함

5. 하지 말아야 할 것은?
   ▶ 비가 계속 오는 것

1. 얻고자 하는 것은?
   ▶ 8월 매출 1억 달성

2. 얻은 것은?
   ▶ 6,000만원 달성

3. 차이와 그 원인은?
   ▶ 4,000만원 미달
   ▶ 우천을 예상하지 못함
   ▶ 우천 시 매출 대안을 미리 세우지 못했음

4. 해야 할 것은?
   ▶ 50일 전에 일기예보를 확인하고 전략을 세우기
   ▶ 우천 시 단골 고객들에게 특별 혜택을 제공하는 프로모션 진행
   ▶ 우천 시 잘되는 영화관과 제휴 마케팅 진행
   ▶ 입점 고객을 오래 머무르게 하는 매장 동선 설계

5. 하지 말아야 할 것은?
   ▶ 맑은 날과 동일한 조건으로 고객을 맞는 것

"지금까지 AAR 다섯 가지 질문에 대해서 알아보았습니다. AAR은 혼자 하는 것 보다는 팀이 함께 하는 것이 효과적입니다. 단, 몇 가지를 기억하셔야 합니다. 지난 시간에 우리가 피드백 게임을 하면서 함께 했던 분위기를 연상 해 보세요. 먼저는 팀원 간에 의견이 일치하지 않을 수 있다는 사실을 인식해야 합니다. 허심탄회하고 실질적인 논의가 되도록 열린 분위기 속에서 미팅을 진행해야 한다는 뜻입니다. 또한 AAR 미팅은 철저한 평가나 보고를 위한 것도 아니고 누구를 비판하거나 불평하는 미팅도 아닙니다. 지위나 업무, 개성이나 인격에 관계없이 어느 누구도 모든 일에 대한 완벽한 정보와 해답을 가지고 있지 않습니다. 참여한 사람들과 솔직하게 이야기해야 결점을 보완하고 개선해서 다음에 할 때 더 잘 할 방법을 찾을 수 있기 때문입니다."

"근데 피드백 미팅을 할 때 너무 평가 없이 해 버리면 배가 산으로 가는 거 아닙니까? 그냥 잘 못한 것은 얼른 이야기 해 주고 잘 하도록 말 해 주는 것이 더 빠르지 않습니까?"

평소에 직원들에게 직접적이고 즉각적인 대화로 지시하거나 명령하는 것이 익숙한 최강철이 손을 번쩍 들어 질문했다. 강철의 필기노트는 벌써 몇 장을 넘어가고 있었다.

"좋은 질문이네요! 지난주에 우리가 함께 배웠던 것처럼 '자기 성과에 자기가 책임을 지는 지식근로자, 즉 경영자로 직원들을 성장시키기 위해서는 그들이 일 하면서 성장할 수 있는 이른바 '학습엔진'을 만들어 주는 것입니다. 물론 초기에는 상당 부분 일하는 원칙과 방법을 알려 주어야 합니다. 그리고 일 하는 과정에서도 전문가의 원칙과 노하우를 전수 해 주어야 하지요. 하지만 일정 시간이 지나면 직원들은 자신의 일에서 자신의 강점을 활용하고 스스로 자신의 일을 수행하면서 '하던 일을 더 잘 하려는 노력'을 하면서 성취감과 만족감을 얻고 싶어 합니다. 그것이 인간의 본성이기도 하고 인간이 가장 창의적이 되고 주도적이 되는 요소이기도 합니다. 여러분 모두가 자신의 일에서 문제를 해결한 경험을 가장 성장했던 기억으로 간직하고 있는 것처럼 우리 자신과 직원들도 일을 통해서 성장하려면 스스로 자신의 일의 주체가 되어서 피드백 하도록 하는 방법이 가장 확실하다는 것이지요.

우리는 실제로 많은 행동을 합니다. 그러나 행동이 끝나고 내 자신의 행동을 돌아보고 해야 할 것과 하지 말아야 할 것을 발견하려는 노력을 소홀히 합니다. 그 결과 동일한 실수를 반복하기도 하고, 내가 낸 성공이나 실패가 어떤 행동에 의해서 나타난 것인지 모르고 지나가는 경우가 많습니다. 만약 우리가 행동하기 전 계획하고 행동한 후에 돌아보기를 반복한다면 경험이 쌓일수록 우리의 지식의 수준은 훨씬 더 향상될 것입니다. AAR을 꾸준히 하는 것은 모두에게 열린 길이지만 그 길을 가는 사람은 많지 않습니다. 실행의 의지가 부족하기 때문입니다.

자신의 행동을 돌아보고 해야 할 것과 하지 말아야 할 것을 발견하고 그것을 실천하는 것은 결코 쉬운 일이 아닙니다. 우리가 어떤 분야에서 전문가가 된다는 것은 많은 실수와 고통을 통해 성공의 패턴을 발견하는 것인데 그 눈물의 골짜기에서 동일한 실수를 반복하지 않고 지혜롭게 일하기 위해서 고통스럽고 불편하지만 내 자신을 돌아보는 피드백, 즉 AAR을 반복하는 것이 필요한 것입니다.

처음에 이야기했듯이, 우리는 강의를 듣는 것만으로는 성장하지 않습니다. 스스로의 강점에 비추어 계속 할 일과 그만 할 일을 발견해 갈 때 비로소 내 것이 되는 것입니다."

질문했던 강철이 고개를 끄덕이며 눈을 맞추자 로빈은 다시 칠판 앞으로 걸어가 말을 이어갔다.

"이제 여러분에게 한 가지 과제를 주겠습니다. 다음번 컨설팅까지 해 오시면 됩니다. 여러분 각자가 최근에 가장 집중했던 한 가지 일에 대해서 스스로 AAR을 해 오는 것입니다."

"개인적인 주제로 해도 되나요?"

진솔이 손을 들고 말했다.

"개인적인 것이든 업무적인 것이든 상관은 없습니다. 그저 여러분의 마음속에 머물러 있는 것이면 됩니다. 무엇이든지 쉽게 할 수 있는 것으로 출발해서 익히는 것이 효과적이니까요."

강의가 끝나고 사람들은 함께 세미나 룸을 정리했다.

에스더는 열정적으로 강의를 하던 로빈을 떠올리며 자신도 언젠가는 저렇게 열정적으로 강의하며 사람들에게 에너지를 주는 사람이 되고 싶다는 생각을 했다. 에스더의 노트에는 피드백이란 왜 필요한지 또 무엇을 의미하는지 그리고 어떻게 하면 피드백을 할 수 있는

지 빼곡하게 적혔다. 한꺼번에 많은 이야기를 들어서 다 기억은 할 수 없었지만 조용히 노트를 보며 다시 되새김질 해보리라 마음먹었다.

칠판에는 아직 지우지 않은 로빈의 글씨가 선명하게 적혀 있었다.

피드백이란……
- 지적인 오만을 극복하고 계획(Plan)하고 실행(Do)하고 돌아보기(See)를 반복하는 것
- 의도한 것과 실제 결과를 비교해서 더 잘 할 방법을 찾는 것
- 해야 할 것과 하지 말아야 할 것을 아는 것

12장

무엇이 문제였을까?
스타 마케팅

횡단보도를 건너면서도 에스더는 생각이 멈추지 않았다. 피드백 워크숍을 다녀온지도 벌써 일주일이 지났다. 에스더는 온통 피드백 생각뿐이었다.

'피드백이란, 지적인 오만을 극복하고 PLAN, DO, SEE를 반복하는 것. 의도한 것과 실제 결과를 비교해서 더 잘할 방법을 찾는 것. 해야 할 것과 하지 말아야 할 것을 아는 것.'

로빈의 설명을 듣고 나니 그 동안 돌파를 하지 못한 원인은 피드백을 하지 않았기 때문인 것만 같았다. 열심히 한다고 했는데 무엇을 열심히 한 걸까 하는 회의감도 몰려왔다. 그러나 한편으로는 강한 반발이 고개를 들었다.

'설마 이걸 한다고 정말 성과가 날까? 과연 그럴까?'

편의점에서 산 감자 칩을 뜯으며 소파에 앉았다. TV에서는 아이돌 스타들이 등장하는 코너가 나오고 있었다. 지난 겨울 마케팅에 등장했던 그 아이돌 스타!

저 아이돌만 보면 목덜미가 뻣뻣해지는 듯 했다. 그래도 행동을 돌아보고 성장하는 거라던 지난번 워크숍 때의 강의가 생각났다.

'그래, 지난 겨울의 마케팅 실패를 한번 AAR해보자.'

에스더는 방으로 들어가 책상 앞에 앉았다. 책상 위에는 아버지의 액자가 놓여 있었다.

에스더는 숨을 몰아 쉬고 노트를 꺼냈다. 펜을 들고 하나씩 적어 내려가기 시작했다.

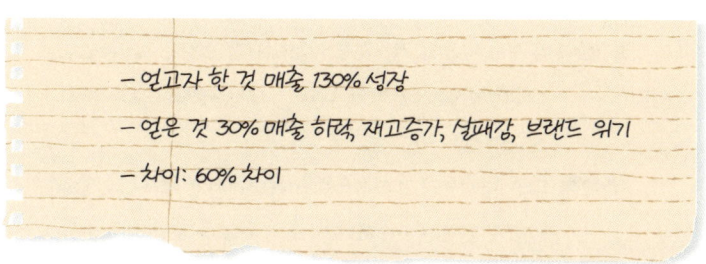

'원인?'

원인을 생각하니 산더미같이 많은 원인들이 생각났다. 일단은 모델들에게 입혔던 디자인이 부적절했고, 생산은 납기가 지연되어 피크 타임을 놓쳤으며, 실제로 판매를 해야 하는 매장에는 늘 인원이 부족해서 판매의 기회를 잃어버렸다. 생각나는 것을 다 적으려고 펜을 종이에 찍은 순간 로빈의 말이 생각났다.

"외부 원인 금지."

'외부원인 금지라니…' 대부분은 다른 사람들의 비협조적인 태도 혹은 과실 때문에 벌어진 일인 것 같았다.

마음이 심하게 괴로웠다. 몇 번을 생각해도 나에게 잘못이 있다고 원인을 찾고 싶지 않았지만 이제 찾아봐야 할 때라고 느꼈다. 디자인 팀, 생산, 영업… 나름대로 베테랑이라고 정평이 나 있는 우리 팀 멤버들이다. 왜 이런 결과가 나왔을까? 에스더는 노트에 적어가기 시작했다.

원인

첫 번째 고객의 니즈와 상품, 광고가 정렬이 되지 않아서 혼란을 주었음

두 번째 수정이 필요하다는 것을 발견했지만 조치를 할 수 있는 시스템이 없었다. 기획, 디자인, 생산, 영업의 효과적인 전략이 세워지지 않았다.

세 번째 다른 팀장들과 효과적으로 커뮤니케이션 할 시스템을 준비하지 않았다. 마케터로써 고객 정보를 수집하고 피드백 공유하는 노력이 부족했다. 베터로니의 고객층에 대한 현장에서의 정보수집이 부족했다.

해야 할 것

고객의 니즈가 무엇인지에 대한 철저한 현장조사
상품전략과 맞는 광고 마케팅 방법 찾기
디자인, 생산, 영업의 강점을 살릴 수 있는 팀워크

하지 말아야 할 것

지난 겨울 시즌처럼 하는 것

에스더는 노트를 확 덮어버렸다. 아직도 모든 게 막막하기만 했다.

피드백이란
해야 할 것과 하지 말아야 할 것을 아는 것이다.

PART
04

계획하기의
5가지 질문
AAP
(After Action Plan)

13장

고객의 소리를
듣는다는 것

"도대체 입을 옷이 없네. 옷은 많은데 왜 입을 옷이 없는 거야?"

늘 베티로니의 캐주얼한 옷을 즐겨 입지만 오랜만에 만나는 현빈에게는 여성스러운 모습으로 보이고 싶었다. 세탁소에서 가져 온 채로 옷장 깊은 곳에 있던 원피스가 보였다. 거울 앞에서 양손에 원피스를 들고 이리저리 대보며 에스더가 투덜거리는 동안 가방 안에서 알림음이 들렸다. 페이스 북에 댓글이 달린 소리이거나, 트위터에 올린 글에 멘션이 오는 것이리라. 약속 시간이 가까워오기 때문에 확인할 수는 없었다.

에스더는 아침부터 분주했다. 마스크 팩을 얼굴에 붙이고 손톱 정리도 했다. 원피스를 입어보니 약간 작았다. 밤 늦게 먹었던 각종 간식들이 떠올랐다.

오늘은 현빈이 출장에서 돌아온 이후 첫 만남이었다. 선물이라고 해봐야 아마 똑같은 선물을 여러 개 사서 하나 전해주는 정도일 것이다. 그래도 기뻤다. 콧노래를 부르며 숄더백을 어깨에 메고 에나멜 구두를 신었다.

약속 장소에 도착해서 빌딩으로 들어가 엘리베이터를 탔다. 한참을 올라갔다. 에스더는 엘리베이터 안에서도 계속 거울을 보며 자신의 모습을 살폈다.

"딩동"

엘리베이터 문이 열렸다. 세종로 밀레니엄 빌딩 레스토랑은 사면이 유리창으로 되어 있다. 내부는 넓게 탁 트인 구조였고 고급스러운 분위기였다. 현빈은 창가 쪽 테이블에 앉아있었다. 무언가를 유심히 읽고 있는 그는 미간을 약간 찡그리고 있었다. 집중할 때의 모습이었다. 체크 무늬의 셔츠 단추가 풀려있는 사이로 은색 목걸이가 살짝 보였다.

"왔어?"

현빈은 에스더를 보고 반갑게 웃었다.

"오랜만이네. 출장은 어땠어?"

"이번에는 성과가 아주 좋았어. 그나저나, 너 요즘 페이스 북에 올리는 그런 글 어디서 배우는 거야? 아주 흥미롭던데!"

현빈은 냅킨을 무릎 위에 올려놓으며 말했다. 깔끔한 슈트를 입은 직원이 애피타이저를 테이블에 올려놓았다.

"사실은 우리 브랜드가 요즘 어려운 상황이야. 그래서 그룹사에서 피드백 컨설팅을 받도록 기회를 줬어!"

"그래? 피드백 컨설팅이 뭐야? 생소한데?"

"그거? 일반 컨설팅은 프로그램을 분석하고 제안하는 데에서 그치는 경우가 많은데, 피드백 컨설팅은 조직의 문제를 발견하고 목표를 정해서 실행하고, 피드백 하면서 결과가 나올 때까지 컨설팅을 한다는 거야! 한마디로 꼼짝없이 안 하면 안 되는 프로그램이지! 요즘 그것 때문에 벅차긴 한데 그래도 실행하면서 배우니까 좋은 것 같아."

"그렇구나! 재미있네. 나도 컨설팅 일을 하지만 우리 팀이 아무리 대안을 제시해도 고객사에서 실행을 안 해버리면 결국 소용이 없거든. 실행을 통해 배운다니, 나도 배우고 싶다. 그런데 브랜드는 왜 어려운 상황인데?"

"복잡해… 디자이너는 계속 헛다리를 짚고, 생산부에서는 단가 타령만 하고, 영업부에서는 직원 복지가 어쩌고 저쩌고… 으악 생각하면 또 머리가 아프다."

에스더는 머리를 두 손으로 감싼 채 울상이 되어 말했다. 애피타이저로 나온 양송이 수프를 단숨에 비운 후 냅킨으로 입을 닦으려던 현빈은 에스더의 표정이 재미있다는 듯이 쳐다보며 말했다.

"우린 그럴 때 제일 먼저 해주는 말이 있지. '고객에게 물어봐라!'"

"고객에게 물어보는 것 정도는 나도 알지. 품평회도 하고 고객 리서치 자료도 수시로 본다고. 뭔가 돌파구가 필요한 느낌이야."

에스더는 스테이크를 나이프로 썰어 한 조각을 입에 물었다.

"고객들의 진실을 들을 수 있는 곳으로 가서 고객의 생생한 소리를 들어야 할 때가 아닐까? 언제든지 해답은 고객에게 있다고."

현빈은 여태까지 에스더가 올린 페이스 북의 글들을 이미 본 것 같았다. 한마디 한마디가 모두 깊이 있는 조언들이다.

고객들의 생생한 소리, 그들이 말해주는 진실. 진짜로 원하는 것. 그것을 알아내야만 했다. 에스더는 다시 원점으로 돌아와 있는 기분이었다. 모든 것을 덮어두고 다시 출발해야만 했다. 고객들은 언제 어디서 나에게 진실을 말해줄까? 그것을 말해주는 곳은 어디일까?

갑자기 눈앞이 하얗게 변하면서 세상이 빙글빙글 돌기 시작했다. 계속 문제라고 여겼던 사람들의 얼굴도 지워지고 품평회의 자료 분석 데이터도 생각나지 않았다. 그 어두운 공간 속에 희미하게 보이는 모습은 오직 에스더 자신이었다.

에스더는 스무 살 남짓 되었을 때 동대문에서 아르바이트를 했었다. 모두가 잠들어 있는 깊은 새벽에 활기를 띄고 움직이던 시장의 그림들.

원단을 운반하느라 커다란 원단 롤을 번쩍 들고 어깨에 메던 아저씨들, 쪽 공간에서 식사를 해결하던 젊은 아주머니들, 어디로 가는지 바삐 움직이던 오토바이들과 삼삼오오 몰려 다니던 외국인 관광객들까지…… 모두가 아주 먼 옛날 일처럼 아득했다.

에스더는 의류에 관심이 많았다. 옷이라고 하면 동대문을 떠올린다는 지극히 단순한 생각에 두 번도 돌아보지 않고 휴학을 한 뒤 서울로 올라와 동대문에서 아르바이트를 한 것이다.

'그래, 맞아! 동대문!'

에스더는 자리를 박차고 일어날 뻔했다. 로빈이 말했던 그 '차이와 원인'이 떠올랐다. 고객의 소리를 들으려고 했지만, 사실은 고객의 소리를 전부 들은 것이 아니었다. 이미 우리를 찾아주는 고객의 소리만을 들은 것이다. 우리를 찾지 않는 고객 즉, 비非고객의 소리를 들지 않았다. 그 원인은 바로 비 고객에게 물어보지 않았기 때문이다.

그렇다면 해야 할 일은 분명해졌다. 그 동안 듣지 못했던 비非고객의 소리를 생생하게 들을 수 있는 현장으로 가는 것이다. 그 현장은 지금 에스더의 머릿속에 떠오른 그 곳. 일 년 동안 눈으로 보고 손으로 만졌던 그 곳의 숨결을 다시 느껴야 했다.

우아하게 스테이크를 썰고 있는 현빈이 출장 중에 있었던 에피소드를 이야기해 주고 있다. 에스더는 그 이야기를 듣는 둥 마는 둥하며 동대문에서 보냈던 오래 전의 그 1년을 생각했다. 외벽 유리 바깥으로 높게 솟은 빌딩 유리창이 봄 하늘 끝자락으로 넘어가는 노란 태양에 반사되어 건너편 빌딩에 빛을 보내 주었다. 세종로를 지나는 자동차가 장난감처럼 보였다.

마케팅에 고객의 니즈를 반영하기

1. 얻고자 하는 것은?
▶ 마케팅에 고객의 니즈를 반영하기

2. 얻은 것은?
▶ 정확하지 않은 고객의 소리 반영

3. 차이와 그 원인은?
▶ 첫 번째: 기존 고객의 소리만 들어왔다. 비고객의 소리를 듣지 못했다
현장을 찾아가지 않고 피상적인 피드백으로
마케팅을 설계함

▶ 두번째: 다른 브랜드를 찾는 고객의 니즈를 듣기 위해 찾아가지 않았음
기존 F.G.I (Focus Group Meeting) 방식에 안주해 있었다
변화하는 고객의 니즈를 알아 낼 수 있는 활동을 하지 않음

4. 해야 할 것은?
▶ 고객의 소리를 가장 잘 들을 수 있는 곳으로 찾아가야 함
▶ 우리 브랜드를 찾지 않는 비고객을 찾아서 물어봐야 함
▶ 동대문으로 가기

5. 하지 말아야 할 것은?
▶ 사무실에서 우리를 찾는 고객의 소리만 듣고 의사 결정하는 일

14장

동대문 시장에서 발견한 진실

바쁘게 움직이는 상인들. 사람들 사이로 비집고 다니는 오토바이들. 평화시장, 동대문 상회… 친근한 간판들 속에서 에스더는 다시 살아 있음을 느꼈다. 동대문 시장 일대는 북적대는 사람들로 가득 찼다. 이곳은 시간을 잊은 것 같았다. 보통 이곳에는 도매업을 하는 사람들이 물건을 떼러 오기도 하고 호기심이 많은 일반 구매자들이 기웃거리기도 하는 곳이었다. 낱장으로는 판매가 안 되기 때문에 도매업자가 아닌 사람들이 옷을 뒤척거리면 상인들은 쳐다보지도 않았다.

"언니! 이거 깔 대로 하나씩 주세요."

말이 무척 짧은 여성이 박스째로 옷을 던지던 주인에게 말했다. 상인은 대답도 하지 않고 물건을 내준다. '깔 대로 달라는 말' 예전에 일하던 생각이 났다. 색깔별로 하나씩 달라는 뜻이다. 입가에 저절로 미소가 지어졌다. 고향의 언어 같았다. 여기는 너나 할 것 없이 언니라고 부른다. 번뜩이는 눈동자로 물건을 사러 각 지방에서 찾아온 상인들은 꼭 독립투사 같다는 생각이 들었다.

에스더는 이런 광경이 좋았다. 살아 있음을 철저하게 느끼는 시간. 나도 너도 모두가 열심히 살아가는 공간. 에스더는 이렇게 자신의 현장에서 치열하게 살아가는 사람들 속에서 호흡하고 싶어서 마케터가 되고 싶었다는 것이 기억났다.

에스더는 하나도 놓치지 않기 위해서 상인들이 유난히 몰리는 매장을 유심히 보았다. 뭔가 공통 분모를 찾아내기 위해서 수시로 메모를 하기도 했다. 상가를 어슬렁거리는 에스더를 상인들은 따가운 눈초리로 쳐다봤다. 에스더는 그런 눈초리에 아랑곳 하지 않고 가장 바쁜 매장에서 정신 없이 옷을 챙기는 주인에게 말을 걸었다.

"사장님, 요즘 제일 잘나가는 옷이 뭐에요?"

상점 주인은 에스더를 옆 눈으로 힐끗 쳐다보더니 퉁명스럽게 말했다.

"왜요? 어디서 나왔어요?"

"샘플 좀 고르려고요."

에스더는 당돌하게 웃으면서 대답했다.

"저게 제일 잘 나가요."

상점 주인이 손으로 가리킨 곳에는 캐릭터 티셔츠가 걸려 있었다. 실제로 그 앞에는 여러 명의 상인들이 물건을 고르고 있었다. 좀 더 가까이에서 보기 위해 에스더는 몸을 돌렸다. 그때 저쪽 무리에서 낯익은 얼굴이 보였다. 후드 티셔츠를 입고 스키니 진을 입은 사람. 진솔이었다!

놀란 눈으로 쳐다보는 에스더의 시선을 의식한 진솔도 이쪽을 쳐다보았다. 그녀는 볼펜으로 뭔가를 적고 있던 손을 멈추고 에스더를 바라보았다.

두 사람은 포장마차에 앉아 떡볶이를 시켜놓고 어묵을 손에 쥐었다. 어색한 공기가 흘러도 주변은 무척 시끄러웠다. 에스더가 먼저 말을 꺼냈다.

"이 시간에 여긴 웬일이에요? 깜짝 놀랐어요."

"그러는 자기야말로 여긴 왜? 나는 가끔 쇼핑하러 와."

진솔이 손에 들고 있는 어묵 국물에 시선을 둔 채 대답했다.

"에이, 쇼핑하러 온 것 같지는 않은데?"

에스더가 장난기 섞인 말투로 진솔을 위아래로 보며 말했다. 진솔은 순간적으로 얼굴이 빨개지며 국물만 계속해서 마셔댔다. 그 모습을 보던 에스더는 갑자기 웃음보를 터트렸다.

"뜨거운 국물을 무슨 냉수처럼 드시는 거예요? 하하하."

그녀는 너무나 재미있다는 듯이 배를 잡고 더 크게 웃었다. 진솔은 주변을 둘러보며 에스더를 말렸다. 그러나 진솔의 얼굴도 전에 찾아볼 수 없던 친근한 표정이었다.

"한실장님, 설마 고객조사 차원에서 나오신 건 아니죠? 뭐 디자인의 콘셉트를 결정하는데 영감을 얻기 위해서라든가. 하는 그런 훌륭한 이유는 아니겠죠? 아닐 거야. 에이 설마."

에스더는 장난기가 발동했다. 자신이 말해놓고 혼자 키득거렸다. 진솔은 멋쩍은 표정으로 입을 실룩거리며 말했다.

"아니 뭐, 나는 그냥. 피드백 컨설팅 시간에 로빈의 이야기를 듣다

가 생각난 것을 한번 해보려고 한 것뿐이야. 얼마 전에 로빈코치와 일대일 코칭을 했는데 어떻게 해야 할지 확신이 생겼어. 도대체 어떻게 해야 정판율이 높은 디자인을 뽑아 낼 수 있는지 생각하다가 아무래도 우리 브랜드의 옷을 입는 고객들의 니즈는 세계 패션쇼가 아닌 시장에서 찾아야겠더라고. 나온 지는 일주일도 넘었어. 뭐 그런 생각이 들었…."

진솔의 말이 끝나기도 전에 에스더는 그녀의 손을 덥석 잡았다. 왈칵 눈물이 쏟아졌다. 대안도 찾으려고 하지 않고 다른 사람의 탓만 하는 줄 알았던 진솔이 이렇게 에스더만큼이나 치열하게 고민하고 있었던 것이다. 오해였다고, 미안하다고 말해주고 싶었다. 그러나 눈물이 멈추지 않았다. 목이 매여서 한마디도 할 수가 없었다. 지난 겨울 시즌이 지나면서 얼마나 많은 밤을 진솔에 대한 원망감에 사로잡혀 보냈는지 모른다.

진솔은 에스더가 잡은 손을 살며시 잡으며 계속 말을 이었다.
"에스더, 우리 잘 할 수 있을까? 우리 브랜드 말이야…."
에스더는 대답 대신에 확신 있는 눈빛으로 고개를 끄덕였다.

동대문 새벽 시장을 구석 구석 뒤졌지만 그 동안 얻은 소득이라고는 요즘 캐릭터 티셔츠가 잘 나간다는 사실뿐이었다.
"그래도 공통점이 있는 것 같아. 파스텔보다는 원색 계열이 트렌드라는 거야. 그리고 캐릭터들은 심플해진 경향이 있어."
진솔은 수첩에 적은 깨알 같은 글씨를 하나하나 짚어가며 말했다.
"우리 베티로니에도 캐릭터가 정말 많은데. 왜 안 팔리는 거지? 시장에서는 이렇게 캐릭터가 잘 팔리는데."

에스더는 울상을 지으며 말했다.

베티로니는 런칭 당시 10개에 달하는 캐릭터를 개발했다. 그 캐릭터는 하나하나 모두 진솔의 손을 거쳐 개발된 것이었다. 디자이너의 입장에서는 그 중에서 어느 것도 소중하지 않은 것이 없었다. 에스더가 생각하기에도 그 캐릭터는 모두 예쁘고 매력적이었다. 그러나 고객은 외면하고 있는 것이다.

"고객이 캐릭터를 좋아한다는 것은 알았지만…. 지난 번에 스타 광고할 때도 아이돌 스타에게 모두 입혔는데 반응이 없었잖아."

진솔이 볼펜으로 수첩을 톡톡 치며 생각에 잠겼다. 에스더는 시장에서 봤던 일들을 하나씩 곰곰 떠올려보았다. 수많은 캐릭터들이 머릿속을 지나갔다. 진솔과 에스더는 아무 말 없이 걷고 있었다. 그때 맞은편에서 걸어오는 외국인 관광객들의 가슴에 새겨진 자수가 눈에 확 들어왔다. 그 그림은 토끼였다.

그러고 보니 최근 부쩍 늘어난 일본 관광객들의 가슴엔 모두 토끼 캐릭터가 진하게 그려져 있었다. 마치 한류의 상징이라도 되는 듯했다.

"토끼!"

두 사람은 동시에 외쳤다.

그러고 보니 지난 겨울 베티로니의 옷 중에서도 토끼 캐릭터, 바니오가 제일 잘 팔렸다.

"우리도 바니오 있는데!"

에스더가 소리를 높여 말했다.

"뭐가 문제일까?"

진솔이 미간을 찌푸렸다. 생각할수록 답이 나오지 않았다.

"진솔 실장님, 이제 알겠어요. 우리는 다양한 캐릭터로 많은 사람들을 우리 고객으로 만들고 싶었지만 실제로 고객은 한 가지 캐릭터에만 열광하고 있었던 거예요. 결국 우리는 브랜드의 이미지도 높이지 못하고, 매출은 하락하게 된 거죠. 고객이 무엇을 좋아하는지…. 그걸 몰랐던 거예요."

"그럼 이제 우리는 어떻게 해야 할까?"

"답은 선택과 집중이예요! 그러니까 우리 바니오에 집중하고 다른 캐릭터는 과감히 포기해야 해요. 우리는 너무 많은 것을 갖고 있다가 하나도 얻지 못했어요. 선택과 포기가 필요한 시점이에요. 올해 여름은 그렇게 준비해야 해요."

진솔은 아무 대답이 없었다. 무겁게 입을 다물고 얼굴이 굳어졌다.

"그래, 알았어."

진솔은 입을 열었다.

"차이와 원인을 안 이상 해야 할 일을 해야지. 이제 모든 게 분명해지네!"

고객이 좋아하는 캐릭터 상품 만들기

1. 얻고자 하는 것은?
▶ 다양한 캐릭터를 살리는 것

2. 얻은 것은?
▶ 고객이 열광하는 캐릭터를 만들지 못함
▶ 브랜드에 대한 이미지가 약함, 매출 하락

3. 차이와 그 원인은?
▶ 첫번째: 고객의 인지 속에 강력한 캐릭터가 남아있지 않음
▶ 두번째: 고객들이 원하는 캐릭터에 집중하지 못했음
▶ 세번째: 고객이 무슨 캐릭터를 원하는지 확인하지 못함

4. 해야 할 것은?
▶ 고객이 열광하는 한 가지 캐릭터(바니오)에 확신갖기(비 고객 조사)
▶ 바니오 집중 상품화 마케팅

5. 하지 말아야 할 것은?
▶ 여러 개의 캐릭터로 고객에게 혼란을 주는 것

15장

가능성을 확신으로

"코치님, 이번 AAR을 통해서 저는 시장으로 가서 토끼를 발견했어요."

다시 찾은 로빈의 사무실은 여전히 아늑했다. 이번이 벌써 로빈과의 세 번째 일대일 코칭 시간이다.

"AAR을 통해서 시장으로 갔고, 그곳에서 토끼를 발견했다고요? 하하하. 뭔가 중간에 많이 생략된 이야기군요. 그런데 에스더의 모습이 전과 달리 힘차 보여서 좋아요. 토끼가 뭐죠?"

녹차의 잔을 손으로 감싸 쥐며 로빈이 물었다.

"이번 시즌에는 저희 브랜드의 여러 캐릭터 중에서 토끼 캐릭터인 '바니오'를 주력으로 밀 거예요. 고객이 원하는 것을 알았거든요. 잘 될지는 모르겠지만. 차이와 원인도 알았어요."

"확신에 차 보이네요. 마케팅의 방법을 찾았나요?"

에스더는 잠시 머뭇거렸다. 아직 방법을 찾지는 못했기 때문이다. 주력할 상품이 선정되었지만 그 상품을 어떻게 홍보해야 할지는 아직 미지의 영역이었다.

"아직 잘… 생각이 안나요. 이제 스타를 광고 모델로 내세운 부작용은 겪을 만큼 겪었는데. 아직 인지도가 높지 않은 우리 브랜드를 어떻게 해야 할지. 한가지 캐릭터에 집중했다가 또 틀려버리면 그 땐 정말 걷잡을 수 없을 거에요."

"그렇군요. 뭔가 가능성은 보이는데 아직 확신을 갖지는 못했나 보네요. 에스더가 전에 마케팅에 성공했던 사례가 있었나요? 어떤 사례인지 말해줄 수 있나요?"

"있어요. 물론 말씀해드릴 수 있죠. 바로 '향기 마케팅'이에요. 조사 자료를 통해서 그때 제가 속해있던 브랜드의 옷을 입는 고객들이 좋아하는 향은 헤이즐넛 향이라는 것을 알았어요. 그래서 매장 안에 헤이즐넛 향을 뿌려주고 매장 바깥 쪽으로도 향기가 나가도록 해서 지나가는 행인도 느끼도록 해 줬더니 입점율이 올라가고 인지도도 상승되었어요. 그 이후로 우리 브랜드를 이야기하면 사람들은 헤이즐넛향을 떠올리게 된 거에요."

에스더는 숨이 가쁘게 손을 좌우로 움직여 가며 열심히 설명했다.

"에스더는 그 일을 어떻게 확신 있게 할 수 있게 되었어요?"

"그거야 고객들을 만나봤기 때문이죠."

에스더는 턱을 만지며 고개를 갸우뚱했다.

"그렇군요. 고객을 통해서 답을 찾은 것이군요. 요즘 고객에게 답을 찾아 성공한 사례가 있다면 무엇이 있을까요?"

"흠…. 요즘은 네트워크를 통한 '소통'이 중요한 것 같아요."

"어떻게 하면 고객과 소통이 잘 되는 마케팅을 할 수 있을까요?"

"겨울에는 스타 마케팅을 할 때 제가 고객과의 소통에 소홀했던 것 같아요. 요즘 전체적으로 보면 사람들은 누구나 주인공이 되고 싶어 하죠. 주인공의 의견을 묻지 않으니 실패할 수 밖에 없었던… 고객이 주인공? 고객이 주인공…"

에스더는 계속 말을 곱씹으며 '고객이 주인공'을 주문처럼 입 안에서 굴려 보았다. 그 순간 에스더의 머릿속에는 섬광같이 지나가는 핵심 아이디어가 있었다. '바니오 티셔츠를 입고 사진을 찍은 뒤 SNS에 올리기!'

에스더는 로빈에게 자신의 아이디어를 설명했다. 고객들이 직접 바니오 티셔츠를 입어보고 평가하고 자기 기분에 따라서 바니오 티셔츠를 선정하게 하자는 것이다. 매장의 윈도우와 TV에서 스타들을 내리고 매장에서 바니오 티 입고 사진 찍는 이벤트에 선정된 사람들을 대형으로 실어주는 이벤트. 선정된 사람에게는 광고비도 주자는 것이다. 매장에서 직원들에게 바니오티를 입히고 최대한 입은 모습이 잘 어울리도록 하고 즐거운 분위기로 만들어야 한다는 것이었다.

에스더는 지금 자신이 하는 말이 약간 두서 없다는 것은 알고 있지만 로빈에게 이야기 해주고 싶었다. 에스더가 신나게 이야기를 하는 동안 로빈은 박수를 치며 맞장구를 쳐주었다. 에스더는 이미 성공한 듯한 느낌마저 들었다.

"에스더. 지금 이야기한 것들 중에서 먼저 해볼 것과 나중에 해볼 것을 나누어 적어보세요. 그러면 생각이 좀 정리 될 겁니다."

인사를 하고 사무실을 나오는 에스더에게 로빈이 따뜻한 미소를 보내며 말했다. 에스더는 두 손을 위로 올리며 외쳤다.

"파이팅!"

16장

로빈과 춤을!

컨설팅을 시작한 지 두 달이 지났다. 에스더는 피드백 컨설팅을 받으러 오기 전에 미리 로빈이 보낸 메일 내용을 확인했다. 로빈은 메일을 통해서 이번 컨설팅의 주제는 'AAP_{Afterr Action Plan}를 확정하는 것'이라고 했다. 2주 전에 의견을 조율하는 미팅을 했었기 때문에 에스더는 자신이 발견한 '바니오 캐릭터 마케팅'에 대한 확신을 가지면서 회의실로 들어섰다. 에스더는 습관처럼 노트에 AAR 5개의 질문에 답을 적어 놓고 생각에 잠겼다.

> 1. 얻고자 한 것은?
> 여름 마케팅 전략을 결정하는 것
>
> 2. 얻은 것은?
> 상품전략: 바니오 집중
> 광고전략: 고객이 주인공이 되는 SNS광고

> **3. 차이와 원인은?**
> 차이: 팀원들이 함께 확신에 찬 방향성을 갖게 됨
> 이유: 피드백을 통해서 생각을 공유, 혼자 하는 것이 아니라 함께 하는 마케팅이 됨, 진솔 실장과의 화해(?) ☆
>
> **4. 해야 할 것은?**
> 다른 부서와의 협력, 성실 과장·강철 과장의 의견 경청,
> 계속해서 고객을 깊이 찾아가서 만나는 것
>
> **5. 하지 말아야 할 것은?**
> 내 생각만으로 회의를 주도 해 버리는 것,
> 내 고집대로 하지는 말자!

에스더는 노트에 이렇게 적고는 '진솔 실장과의 화해(?)'라고 적은 부분에 별표를 했다. 로빈이 차이의 원인에서 '태도 원인'을 금지했지만 이런 태도 원인은 왠지 그대로 적어 두고 싶었다.

"굿 모닝! 좋은 아침입니다. 날씨가 많이 따뜻해졌어요."

회의실 문을 열고 들어오는 로빈의 빨간색 안경테가 더 반짝거리는 것 같았다. 회의실을 들어오는 로빈의 손에 흰색, 노란색, 핑크색, 하늘색의 색지가 들려 있었다.

"우리가 만난 지도 이제 벌써 두 달이 지났습니다. 날씨는 점 점 따뜻해지고 있고, 거리에 사람들의 옷차림도 점점 화사해져 가고 있네요. 우리는 정기적으로 시간을 내서 이렇게 컨설팅을 함께 하고 있지요. 지난 두 달 동안 지식근로자의 과업과 성과, 그리고 피드백의 도구로서 AAR도 배웠습니다. 여러분이 보여준 열정에 찬사를 보냅니

다. 제 경험으로 미루어 보건대 이 정도의 에너지라면 틀림없이 우리가 얻고자 하는 목표를 달성할 수 있으리라고 확신합니다. 오늘 우리는 이제 앞으로 4개월 동안 실행할 여름 시즌 마케팅 프로젝트에 대한 구체적인 실행 계획을 수립할 것입니다. 바로 AAP(After Action Plan)이라는 계획하기 도구를 활용할 것입니다."

AAP(After Action Plan)
계획하기의 도구

"어떠셨습니까? 지난 한 달 동안 아마 AAR의 다섯 가지 질문이 여러분 머릿속에 계속 맴돌았을 겁니다."

"네 맞아요. 그 전에는 사실 특별한 생각이 없이 방문할 때도 많았는데 AAR을 하면서 매장을 갔더니 훨씬 더 많은 것들이 보였습니다. 또 지점장들에게 AAR 질문을 순서대로 해 보았는데 의외로 대답을 잘하더라고요. 그 자리에서 뭘 해야 하고 뭘 하지 말아야 할지 결정하던데요? 우리 점장들 훌륭하죠?"

최강철은 배운 것을 즉시 실천하는 사람이다. 그것이 그의 가장 큰 강점이기도 하다.

"우와! 정말 대단합니다. 배운 것을 실천하고 적용하는 것이 완전 음속비행기 수준이네요 하하하! 최강철 과장님, 지난 3월 첫 주에 우리가 만나서 6개월간 우리가 달려갈 목적이 무엇이었지요?"

"우리 힘으로 베티로니를 살리는 것이었습니다."

로빈의 칭찬에 이은 질문에 강철은 바로 대답했다.

"그렇습니다. 그것이 우리 목적이었습니다. 하지만 목적을 가지고 있다고 해서 다 실천을 잘 하게 되는 것은 아닙니다. 우리가 가진 목적이 실행 가능하도록 목표화하고 계획을 세우는 것이 중요합니다. 오늘은 우리가 가야 할 방향과 길을 구체화하고 실행계획을 세워보는 시간입니다. 오늘은 정말로 여러분이 함께 고민하고 답을 찾아가는 시간입니다. 먼저 오늘은 책상이 필요 없습니다. 책상을 모두 뒤로 밀고, 의자만 놓고 둥그렇게 앉겠습니다."

로빈의 말이 끝나기도 전에 최강철이 일어서서 책상을 뒤로 밀기 시작했고, 엄성실이 거들었다.

"자, 이제 자리가 넓어졌습니다. 두 분이 좀 역할을 해 주셔야겠습니다."

둥그렇게 앉은 중앙에 서서 로빈이 두 명의 자원자를 요청했다.

"한 명은 저와 함께 춤을 추실 분이고, 한 명은 기록을 해 주실 분입니다."

"춤을 춘다구요? 하하하 그럼 에스더 대리가 하면 되겠네요. 에스더 대리가 로빈 코치님을 좋아하는 것 같아요!"

최강철의 카랑카랑한 목소리에 모두가 한바탕 웃었다. 에스더는 최강철이 늘 그런 식으로 말하기 때문에 개의치 않았다.

"네, 춤을 춘다는 것은 그냥 저와 이 공간에서 함께 움직이면 되는 겁니다."

"네, 좋아요"

"좋습니다. 그럼 기록은 꼼꼼한 우리 엄성실 과장님이 해 주시지요"

로빈의 정중한 요청에 성실은 조용히 일어서서 스탠드형 차트가 있는 곳으로 가서 섰다. 에스더는 오늘 입은 스커트에 구두가 잘 어울린다는 생각을 했기 때문에 무대의 중앙에 서는 게 좋았다.

"이제부터 에스더 대리에게 질문을 하겠지만 답은 우리 모두가 함께 하는 겁니다."

로빈은 앞에 나온 에스더와 나란히 어깨를 마주하고 서서 앉아 있던 강철, 진솔, 그리고 왼 편 차트 앞에 서 있는 성실에게 말했다. 에스더는 가까이에 선 로빈의 헤어스타일이 베토벤 같다는 생각을 했다.

"우리 팀이 함께 할 여행의 목적이 베티로니를 우리 힘으로 살리는 것이었습니다. 그렇다면 여름이 지난 9월이 되었을 때 우리가 어떤 모습이 되어 있으면 좋을까요?"

에스더는 동대문과 시장을 돌아다니면서 마음속으로 생각했던 것을 떠올렸다. 옆에 앉아 있던 진솔과 눈이 마주쳤다.

"여름에 출시한 상품들이 잘 팔리는 것이겠죠."

"우리 매장에 많은 사람들이 지원하고 그 직원들이 일하면서 즐거움을 느끼는 거예요"

"브랜드에 이익이 나야죠."

다른 멤버들이 기다렸다는 듯이 말했고, 에스더도 고민하다가 대답했다.

"그건 여름 시즌 매장 매출이 B그룹에서 일등이 되는 겁니다."

그 말에 다른 멤버들이 약간 놀란 듯 에스더를 바라보았다.

"우리 손으로 베티로니를 살리려면 다른 브랜드보다 최고로 잘 해야 해요. 그렇게 되어야 유평화 본부장님도 떠나지 않고 우리 팀이 함께 할 수 있는 수준이 될 거예요"

유평화 본부장에 대한 이야기가 나오자 모두들 수긍하며 고개를 끄덕였다. 로빈은 멤버들의 모습을 보고 에스더가 서 있는 곳 오른쪽으로 두 세 걸음 걸어가서 바닥에 빨간색 색지를 내려놓았다.

"에스더 대리님! 이제 이 종이 위로 올라 서 보시지요. 그리고 이 종이에 적혀 있는 글씨를 읽어 주세요."

에스더는 조심스럽게 핑크색 종이 위에 올라섰다. 종이에는 이렇게 적혀 있었다.

- AAP 첫 번째 질문 -

1. 얻고자 하는 것? (목표)
Measurement

▶ 우리가 기대하는 이상적인 모습이다.
▶ 측정 가능한 수준으로 구체적이어야 한다.
▶ 도전적이며 달성 가능해야 한다.

"에스더 대리님 이제 우리는 여름 시즌이 끝난 9월 초에 와 있습니다. 9월이니까 가을이겠네요. 선선한 바람이 불어옵니다. 지난 여름 우리의 프로젝트는 성공적이었고 지금은 마무리 하는 시간입니다. 우리에게 어떤 결과가 있습니까?"

에스더는 눈을 감았다. 그리고 마음의 시계를 돌려 우리가 모두 성공했을 때의 모습을 상상 해 보았다. 고객들이 매장에 가득 찬 모습이 보였다. 직원들의 즐거워하는 모습도 보였다. 유평화 본부장이 에스더에게 엄지손가락을 들어 보이는 모습도 보였다. 그리고 현빈에게 이 사실을 자랑하면서 분위기 좋은 레스토랑에서 와인을 나누는 장면도 스쳐 지나갔다.

"각 매장의 매출과 수익이 증가하고 고객이 만족하는 겁니다."

"그렇군요. 도전적이고 구체적인 목표인 것 같습니다. 그런데 지금 밟고 있는 종이에 적혀 있는 것을 한번 읽어 주시겠습니까?"

"네. '얻고자 하는 것(목표)'이라고 되어 있어요."

"그렇습니다. 목표를 설정할 때 핵심은 바로 측정가능성 Measurement 입니다. 목표를 세울 때는 반드시 측정 가능한지, 그것을 달성했는지 못했는지 스스로 피드백 할 수 있도록 세워야 목표로서 힘을 갖게 됩니다."

로빈은 고개를 돌려 엄성실을 보면서 물었다.

"'좋은 부모가 된다.'는 좋은 목표일까요? 그렇지 않습니다. 좋은 초점이 될 수는 있지만 목표로서 힘을 갖지는 못합니다. 목표로서 힘을 가지려면 어떻게 바꾸어야 하겠습니까?"

"'일주일에 한 번 아이들과 공원에서 대화한다.' 정도면 될까요?"

엄성실이 쉽게 대답했다.

"하하하 맞습니다. 그게 훨씬 구체적이고 현재의 삶에 에너지를 줄 수 있죠. 좋은 목표는 결코 거창하지 않습니다. 아주 소박하면서도 구체적이고 특별히 진행 여부를 확인할 수 있어야 좋은 목표라고 할 수 있지요. 다시 강조하지만 좋은 목표는 측정할 수 있어야 합니다."

에스더가 여전히 밟고 있던 핑크색 종이에 적힌 단어 'M_{Measurement}'를 바라보면서 답했다.

"매장당 매출이 현재의 2배가 되는 것입니다."

"좋습니다. 다른 분들께서도 모두 동의하십니까? 그렇다면 성실 과장님께서 차트에 기록해 주시기 바랍니다."

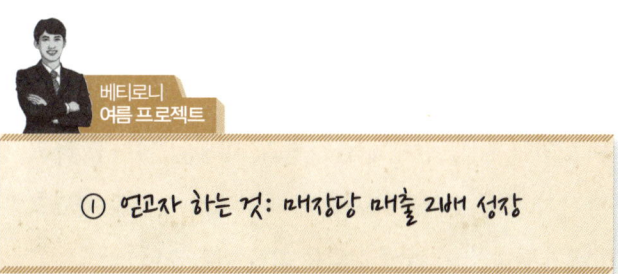

엄성실이 차트에 매직으로 기록하는 동안 로빈은 에스더가 맨 처음 서 있던 곳에 하늘색 종이를 내려놓았다. 그리고 말을 이어갔다.

"에스더 대리님은 지금 9월에 가 계신다고 가정하고 답 해 주세요. 9월이 된 시점에서 지난 4월을 바라보겠습니다. 미래에서 과거를 바라보는 것이지요. 4월의 모습은 어떻습니까?"

"매출은 작년보다 30%나 떨어져 있고, 재고가 쌓여 있고, 직원들은 힘이 없어하고, 어떻게 해야 할 지 잘 모르고 있어요. 겨울 마케팅 실패로 직원들 모두가 힘들어 하고 있어요. 또 유평화 본부장님은 떠날지도 모르는 상황이에요"

불쑥 눈물이 났다. 이 모든 책임이 자신에게 있는 것 같았다. 얼른 눈물을 닦았다.

회의실에 침묵이 흘렀다. 현실을 직시하는 것은 역시 힘든 일이었다. 매장당 매출 두 배는 아직까지 어느 브랜드에서도 시도 해 보지 않은 도전적인 목표였다. 나름대로 성공 경험이 있는 멤버들이었지만 에스더의 이야기에 짐짓 놀라는 눈빛이었다. 로빈은 침묵을 깨지 않으려고 두 손을 내밀어 하늘색 종이에 적혀 있는 글을 가리키며 손짓으로 말했다.

"이순신 장군이 전장에 복귀했을때 왜군이 다시 쳐들어 온 것을 보고 선조 임금에게 "신에게는 12척의 배가 있습니다."라고 말을 했지요. 자신이 가진 자원을 정확하게 파악해서 전략을 세웠고 결국 울둘목에서 전투를 벌여 열배가 넘는 적을 이겼습니다."

하늘색 종이에 있는 가능성이라는 단어가 크게 보였다.

- AAP 두 번째 질문 -

2. 현재 모습은? 현재의 상태와 자원들

▶ 현실을 정확히 인식하는 것이다.
▶ 목표 달성을 위해 사용 가능한 **자원**을 발견하는 것이다.
▶ **가능성**을 발견하는 것이다.

"하지만 뭔가 해 보려는 노력도 있어요. 우리에게는 여전히 10개의 사랑스런 캐릭터들이 있고, 작년 보다는 떨어졌지만 매장을 찾아

주는 고객들이 있어요. 또 B그룹의 든든한 스태프들이 있고, 뭐든지 격려 해 주는 본부장님이 있어요. 특별히 로빈과 만나 컨설팅을 받기 시작하면서 뭔가 해 보고자 하는 우리 모두의 열정이 있어요. 그리고 무엇보다도 이제는 어떻게 일을 해 가야 할 지 자신감이 생겼어요. 일 하는 방법을 새롭게 했다고 할까요? 뭔가 해 볼 수 있을 것 같아요"

"맞아요! 이렇게 주저앉을 수는 없죠!"

강철이 주먹을 쥐며 대답했고, 진솔도 격려의 눈빛으로 에스더를 바라보고 있었다.

"그렇군요. 저도 여러분의 열정 에너지가 마음으로 느껴지는 것 같습니다. 그런 마음과 열정이 모두 우리의 자원이 되고 있습니다. 이제 다시 현재의 모습을 한번 정확하게 진단을 해 봅시다."

로빈은 핑크색 종이 위에 서 있던 에스더에게 손을 내 밀었다. 그리고 하늘색 종이 위로 서게 했다. 다시 현재의 상태로 돌아 온 셈이다.

로빈은 천천히 걸어서 핑크색 종이쪽으로 가서 에스더에게 물었다.

베티로니
여름 프로젝트

② 현재의 모습은?
매출 30% 하락과 증가된 재고
활용 가능한 10종의 캐릭터
새롭게 일하는 방식에 적응한 브랜드 멤버들의 팀워크

"현재의 모습이 명확해졌군요. 보세요. 우리가 원하는 모습인 9월의 모습과 현재의 모습 간에는 큰 갭이 생겼습니다. 바로 이렇게 목표와 현실의 차이를 우리는 '문제'라고 부릅니다. 문제는 꼭 부정적인 것을 의미하지 않습니다. '문제가 있다.'라는 말은 기대하는 것이 있다는 말도 되지요. 그러니까 우리에게 문제가 있다는 것은 기대하는 목표가 생겼다는 뜻이기도 하지요. 자 그럼 이제 어떻게 하면 우리가 이 문제들을 해결할 수 있을까요?"

- AAP 세 번째 질문 -

3. 최적의 대안은?

▶ 다양한 대안들을 탐색하는 것이다.
▶ 그 중에서 **최적의 것**을 선택하는 것이다..
▶ 일이 되게 할 **핵심 아이디어**이다.

"고객이 무엇을 원하는지 파악해서 디자인에 반영해야 합니다."
"좋은 품질의 제품을 적절한 가격에 만들어 내야 합니다."
"고객이 찾아오는 매장이 되어야 합니다."
"무엇보다도 우리 모두가 한 팀이 되어야 해요"
"실행하면서 교훈을 발견하고, 다시 그것을 현장에 적용하는 과정을 계속해야 합니다. 지금까지 나온 대안들은 사실 그 동안에도 고민하던 것들인데 우리가 이런 방식으로 피드백 하면서 하진 않았습니다. 그러다 보니 실행하는 과정에서 어떻게 되었는지 확인이 안 되고 흐지부지 끝날 때가 많았습니다. 실행하는 사람들 간에 커뮤니케이션도 안 될 때도 많았습니다. 이번의 시도가 다른 것이 있다면 이렇게 서로 정기적으로 모여서 실행과 피드백을 반복하는 것이니 이 방법을 최적의 대안으로 삼는 것이 좋겠습니다. 이렇게 함께 모여서 토의하고 실행하고, 피드백 하는 과정을 통해서 뭔가 변화가 있을 것 같습니다."

좀처럼 말을 길게 하지 않는 엄성실이 확신에 찬 얼굴로 대답했다. 성실의 대답에 놀란 것은 최강철이었다. 엄성실이 이렇게 적극적으로 의사소통에 임하는 것은 근래에 보기 힘든 일이다.

로빈은 멤버들이 대안을 말 할 때마다 핵심 단어를 적어서 바닥에 내려놓았다. 에스더가 서 있던 현재의 상태와 목표 상태 사이에는 멤버들이 말 한 단어가 적힌 색지가 벌써 10장 가깝게 깔리고 있었다. 에스더는 다양한 대안들이 적힌 단어들을 보면서 해 볼 수 있는 일이 많다는 생각을 했다. 로빈은 생각했던 것 보다 팀의 에너지가 가득 차 있음을 확인하고는 미소를 지었다. 바닥에 깔린 노란색 종이와 멤버들을 번갈아 보면서 계속 말을 이어갔다

"그렇군요. 여러분의 이야기를 듣고 보니 대안들이 참 많군요. 이 대안들을 모두 한꺼번에 하긴 어렵고 가장 효과적인 것을 선택해서 해 나가야 할 텐데요 이 중에서 가장 최적의 것은 무엇일까요? 무엇이 우리가 핵심 아이디어로 선정할 만한 가장 바람직한 대안일까요?"

에스더는 로빈의 말이 끝나자 조용히 입을 열었다.

"피드백 컨설팅을 시작하면서 지난 겨울 실패했던 스타 마케팅을

AAR 하면서 발견한 평범하면서도 단순한 진리인 '답은 고객에게 있다.'는 것을 깨닫고 저는 초심으로 돌아가 동대문 시장으로 다시 갔습니다. 그러던 어느 날 여기 계신 진솔 실장님을 거기서 만났습니다. 그리고 우리가 그 동안 열가지 종류의 캐릭터를 모두 강조하면서 고객들에게 강한 인상을 심어주지 못했다는 것을 발견하고, 한 가지 희망을 발견했습니다. 그것은 바로 우리 캐릭터 중에서 한 가지 캐릭터, 즉 바니오에 집중해서 고객에게 소구하고 SNS를 통해서 고객이 주인이 되는 마케팅을 하는 것이었습니다. 이 생각을 다른 분들께도 말씀 드렸고, 대부분의 책임자 분들이 동의 해 주셨습니다."

"아 그래요? 이미 여러분들이 대안에 대해서 토의를 하신 적이 있군요?"

"맞아요. 에스더 대리가 뭔가 한가지에 꽂히면 끝까지 따라와서 말 하니까 결국 며칠 전에 모여서 논의했습니다. 에스더 대리의 마케팅 아이디어에 대해서 모두들 수긍하는 분위기였어요."

최강철이 답했다.

"우와 정말 대단한데요? 저도 사실 얼마 전 에스더가 찾아 와서 이 아이디어를 이야기 하고, 일대 일 피드백 코칭을 하면서 이 팀이 뭔가 이룰 것 같다는 확신을 갖게 되었습니다. 그리고 여기 성실 과장, 진솔 실장, 강철 과장 모두가 제 방에 왔었죠. 여러분을 한 분 한 분 만나 코칭 하면서 느낀 점이 많습니다. 여러분 각자가 가지고 있는 베티로니에 대한 애정과 열정이 각별하다는 것입니다. 제가 여러분을 컨설팅하고 있다는 것에 감사했습니다. 오늘 시작부터 여러분들의 에너지가 높았던 이유도 거기 있는 것 같습니다. 계속 해 주겠어요? 에스더!"

"먼저 상품 전략으로는 한 가지 캐릭터, 즉 바니오에 집중하는 전략입니다. 기존에 열 가지 캐릭터 중에서 이번 여름에는 오직 토끼 캐릭터에만 집중하는 겁니다. 대신 토끼 캐릭터의 모습과 활동을 보다 다양하게 해 줄 필요는 있습니다. 그리고 마케팅 전략으로는 지난 겨울 스타 마케팅과는 달리 고객이 직접 주인공이 되는 마케팅입니다. 이미 설명 드린 것처럼 SNS를 통해서 고객이 바니오 캐릭터가 있는 우리 옷을 입고 바니오와 연관된 사진을 보내면 그 사진이나 영상을 직접 광고에 활용하는 것입니다."

베티로니
여름 프로젝트

③ 최적의 대안은?
상품 전략 - 한 가지 캐릭터 집중 전략
마케팅 전략 - SNS를 통한 고객 직접 참여 광고
실행 전략? 2주 단위 피드백 컨설팅 엔진 활용

17장

구체적인 실행계획

어느 때보다도 확신에 찬 베티로니 여름 프로젝트 멤버들의 에너지가 회의실을 가득 메우고 B그룹사 건물 전체로 퍼져 나가는 것 같았다. 에스더와 멤버들은 서로의 눈빛을 보면서 프로젝트의 성공에 대한 결의를 다지고 있었다.

"좋습니다. 두말할 여지없이 핵심 아이디어가 규정되었으니 이제 구체적인 실행 계획에 대해서 이야기를 해 봅시다. 이제 해야 할 일은 무엇일까요? 해야 할 일이란 최적의 대안을 실행해 갈 수 있도록 하는 사다리와 같은 것입니다. 구체적인 실행 계획을 말합니다. 일의 순서나 시간, 담당자를 정하거나 구체적인 해야 할 일의 리스트를 정리하고 일정을 잡는 것들이 이 질문에서 정해야 할 것들입니다."

로빈의 설명에 모두들 귀를 기울였다.

"이 시점에서 중요한 한 가지만 더 이야기 하겠습니다. 어떤 계획

> - AAP 네 번째 질문 -
> ## 4. 해야 할 것은?
> ▶ 구체적인 **실행계획**이다.
> ▶ 일의 **순서**를 정하고,
>   각자의 **시간** 속에 일을 넣는 것이다.
> ▶ 해야 할 일의 리스트이다.
> ▶ 서로의 **역할**을 정하는 것이다.

이든 그 계획이 실행에 옮겨지기 위해서는 반드시 '나의 시간' 속에 반영이 되어야 한다는 것입니다. 실패를 반복하는 사람은 실제로 걸리는 시간을 과소평가하고 닥쳐서 급하게 하다가 결국 형편없는 결과를 얻게 되지요. 성과를 내는 사람들은 어떤 일에 걸리는 시간을 과소평가 하지 않습니다. 실행 계획을 세울 때는 실제로 그 일에 걸리는 시간을 구체적으로 생각 해 보고 일의 순서와 시간, 담당을 정해야 합니다. 이 질문에 대한 답은 매우 다양하고 구체적이기 때문에 이번에는 종이에 써서 토의 하겠습니다. 우리가 첫 날 함께 했던 그룹 투표 방법 기억하시지요? 이제 각자가 생각하는 해야 할 일을 적어 봅시다. 그리고 작성이 완료되면 차트에 붙여서 일의 순서와 방법을 정하도록 합시다."

에스더와 멤버들은 회의실 중앙에 있는 대안들을 참조하면서 구체적으로 해야 할 일들을 적었다. 그리고 로빈의 안내에 따라서 차트에 종이를 붙여 가면서 실행계획을 구체화해갔다. 차트에는 어느덧

해야 할 일의 순서들이 정리 되어 갔다. 색깔 별로 붙어 있는 일의 제목들이 마치 모자이크 같았다.

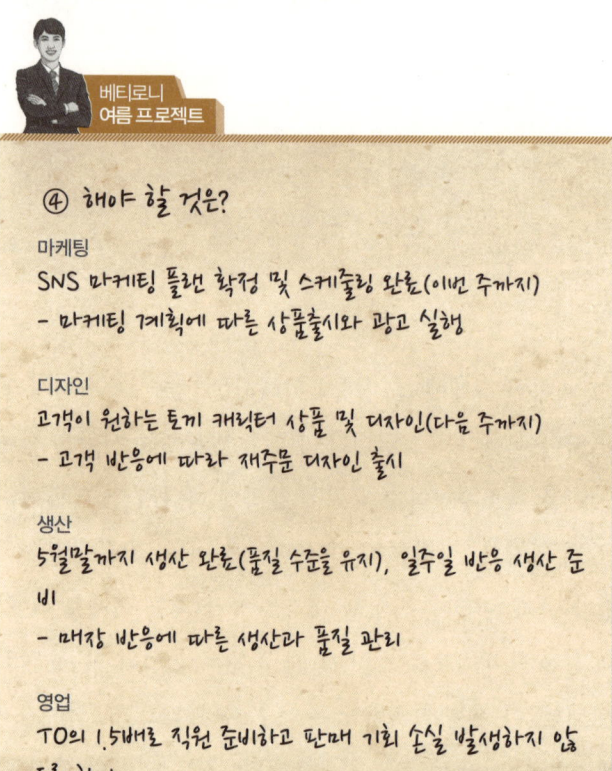

멤버들의 에너지는 어느 때보다도 강력했고, 누구의 일이라는 생각 없이 모두가 자신들이 함께 해야 할 일이라고 생각했다. 그리고 그들은 이미 로빈을 따로 만나 일대일 코칭을 하면서 자신들이 해야

할 주제에 대해서 실행 아이디어를 가지고 있는 상태였다. 생산 담당자인 엄성실은 로빈과의 코칭을 통해서 수량을 확보 해 준다면 메인 라인을 준비하겠다는 공장을 3 곳을 이미 개발 해 둔 상태였고, 영업 책임자인 최강철 과장 역시 매장 근처 대학에 디자인 관련학과나 동아리와 연계해서 매장에서 동아리 모이거나 아르바이트를 하면 동아리 활동 지원금을 주고, 친구들에게 옷을 할인 해 주는 아이디어로 이미 유평화 본부장에게 확인을 받은 상태였다.

멤버들은 AAP를 확정하면서 진심으로 '매장매출 2배 올리기'가 실현 불가능한 것만은 아니겠다는 생각을 하게 되었다.

"자 이제 마지막 질문이 남았습니다. 어쩌면 앞의 네 가지 질문보다 더 중요한 질문입니다. 에스더 대리님! 여기를 읽어 주시지요."

로빈은 가지고 있던 나머지 한 장의 흰색 종이를 회의실 맨 앞 쪽에 내려놓으며 물었다.

- AAP 다섯 번째 질문 -

5. 피드백 계획은?

- ▶ 우리가 **성공**했다면 어떤 모습이 되어 있어야 하는가?
- ▶ 목표한 것이 달성되었는지, 그렇지 않은지를 어떻게 **확인** 할 것인가?
- ▶ 어떤 방식으로 일의 **완료**를 선언할 것인가에 대한 물음이다.
- ▶ 일의 **과정 속**에서 어떻게 실행과 피드백을 할 것인지 정하는 것이다.

"피드백은 AAR로 하면 되는 거 아닌가요?"

에스더가 대답하기 전에 최강철이 먼저 답했다.

"피드백을 하려면 일이 완료되어야 하니까 여름 시즌이 끝나는 8월 말이 넘어야 할 것 같아요. 그러면 8월까지의 매출을 결산 해 보면 정확하게 우리가 매장 매출 2배 달성을 했는지 여부를 판단하고 차이의 원인을 이야기 할 수 있을 것 같아요."

에스더를 포함한 멤버들은 피드백을 어떻게 해야 할 지 잘 알고 있었다.

"9월 초에 이 프로젝트가 완료되면 B그룹사 전체 직원을 대상으로 우리의 프로젝트 과정을 소개하고 결과를 알리는 시간을 갖는 건 어때요? 성공하든 실패하든 말이죠."

"아! 그것도 좋네요. 우리의 경험이 다른 브랜드에도 도움이 될 거예요."

에스더의 말에 강철이 덧붙였다.

"좋습니다. 실제로 지식경영을 하는 많은 기업에서는 정기적으로 각 팀들의 BP*Best Practice*를 공유하는 시간을 갖습니다. 여러분의 시도가 그룹 전체에 지식이 공유되고 확산하는 계기가 될 수 있습니다. 하지만 피드백은 9월 초의 최종 결과 피드백만 있는 것이 아니라 실행하는 과정에서 보다 효과적인 실행을 하기 위해 돌아보는 것을 포함합니다. 한번 정한 계획은 고객과 시장의 상황에 따라 유연하게 바뀔 수 있어야 하고 실행과정에서 발견한 새로운 기회를 놓치지 말아야 하기 때문입니다. 또한 예상치 못한 상황에 대해서 신속하게 대응하기 위함이기도 합니다. 제레미 교수는 〈생각의 속도로 실행하라〉에서 '의사 결정을 할때는 반드시 피드백을 어떻게 할 것인지를 동시에 결정하라.'고 했습니다. 피드백을 중요하게 여기면 조직의 실행력이 올라간다는 것이지요. 다행히 우리는 격주로 한 번 피드백 컨설팅을 하고 있으니 이 미팅을 효과적으로 활용 할 수 있겠지요."

로빈이 진지한 표정으로 말했다.

"맞습니다. 우리가 회의할 때 뭔가 결정을 해도 그 다음 모임 때까지 아무것도 바뀌지 않고 모이는 경우가 많았습니다. 우리는 2주에 한 번씩 모이니 각자 실행을 하고 미팅전까지 결과를 이메일로 공유하고 모이면 훨씬 효과적일 것 같습니다."

차트에 기록하던 성실과장이 조용한 목소리로 말했다. 모두들 그 말에 수긍하는 듯 고개를 끄덕였다.

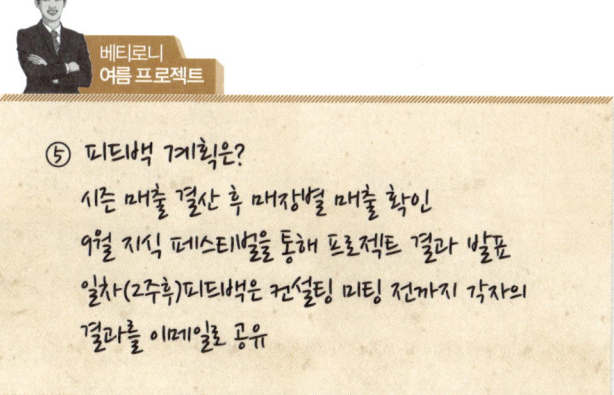

"자 이제 계획하기의 도구인 AAP 다섯 가지 질문에 모두 답했습니다. 어떻습니까?"

"얼마 전에 에스더 대리와 함께 어떻게 할 것인지 의견을 나누긴 했지만 이렇게 구체적으로 계획을 세우진 못했는데 정리를 하고 나니까 우선순위가 분명해졌습니다."

"계획을 세우되 생각으로만 구상하곤 했는데 이렇게 표현해 보니까 구체화되고, 또 다른 사람의 생각을 들으니까 더 많은 아이디어가 나오네요."

진솔이 노트에 적고 있던 펜을 들면서 강철의 뒤를 이어서 대답했다.

"아주 좋은 피드백을 해 주셨습니다. 감사합니다. 기록을 담당하고 계셨는데 성실 과장님은 어떻습니까?"

"그 동안은 아이디어 미팅이나 계획에 대한 미팅을 할 때 서로 자기주장을 반복하다가 결론 없이 끝나는 경우가 많았습니다. 하지만 이렇게 순서를 정해서 함께 하니까 생각을 모으는데 효과적입니다. 그리고 꼼꼼하게 하나하나씩 단계를 밟아 가니까 불안하지가 않습니다."

"이제 에스더 대리님이 생각을 이야기 해 주겠어요?"

"사실 혼자서 마케팅 플랜을 짜면 며칠을 밤을 새서 하곤 했습니다. 하지만 오늘 AAP 질문 다섯 가지로 대답을 해보니 제 숙제가 끝난 듯한 느낌이 듭니다. 이제 여기 나온 이야기들을 정리하고 실행이 되도록 관리해야죠. 얼른 실행하러 가고 싶어요."

에스더가 행진하듯이 손을 흔들며 말했다. 밟고 있던 색지가 찢어질 뻔 했다. 에스더의 모습이 마치 유치원 어린이가 율동을 하는 것처럼 보였다.

"수고해준 성실 과장님과 에스더 대리님에게 박수를 쳐 주세요."

자리로 돌아가 앉으셔도 됩니다. 마지막으로 성실 과장님께서 차트에 적은 글을 읽어 주시지요."

엄성실이 한 자 한 자 적은 글을 읽었다. 에스더와 멤버들이 함께 대답한 글이 요약되어 있었다.

After Action Plan(계획하기의 다섯 가지 질문)

1. 얻고자 하는 것은?
   - 여름 시즌 매장당 매출 2배 만들기

2. 현재 모습은?
   - 매출 30% 하락과 증가된 재고,
   - 활용 가능한 10종의 캐릭터
   - 피드백 컨설팅을 통한 일하는 방식의 변화

3. 최적의 대안은?
   - 상품 전략 - 한 가지 캐릭터 집중 전략
   - 마케팅 전략 - SNS를 통한 고객 직접 참여 광고
   - 실행 전략 - 2주 단위 피드백 컨설팅 엔진 활용

4. 해야 할 것은?
   - 마케팅 - SNS 마케팅 플랜 확정 및 스케줄링 완료(이번 주까지)
   - 디자인 - 고객이 원하는 토끼 캐릭터 상품 및 디자인(다음 주까지)
   - 생산 - 5월말까지 생산 완료(품질 수준을 유지), 1주일 반응 생산 준비
   - 영업 - TO의 1.5배로 직원 준비하고 판매 기회 손실 발생하지 않도록 하기

5. 피드백 계획은?
   - 여름 시즌 매출 결산 후 매장별 매출 확인
   - 9월 지식 페스티벌을 통해 프로젝트 결과 발표
   - 2주 단위 피드백 컨설팅을 통해 피드백

PART
05

성공을
경험하며

18장

좋은 예감을 부르는 소리

　6월의 시작을 알리는 태양이 찬란하게 빛나며 세상을 비추고 있었다. 여름 상품이 출시된 첫 날이었다. 에스더는 그 어느 때보다도 긴장한 상태였다. 출시 날짜에 맞추어 오늘 SNS에 이벤트를 공개하는 날이기도 하다. 에스더는 여태까지 트위터의 친구 만들기 프로그램을 이용하여 열심히 쌓아왔던 트위터 팔로워들에게 전달될 글을 썼다. 글자 수에 제한이 있었기 때문에 가장 호감을 불러일으킬만 한 표현을 계속 고민했다. 강철에게 들으니 바니오 티셔츠에 대한 매장 직원들의 반응도 좋다고 했다. 에스더는 이번 SNS 홍보에 확신을 가지고 여름시즌 광고모델 및 콘셉트에 대한 다른 대안은 세워놓지 않았다. 또 다시 도전인 셈이었다.
　트윗을 한지 반나절이 지났지만 멘션은 겨우 100건 정도가 왔을 뿐이었다. 애초에 하루에 1,000건을 목표했던 게 무리였나 하는 불

안함이 엄습했다.

초조함에 자리를 뜨지 못하고 계속 트위터의 알림 메시지에만 촉각을 곤두세우고 있었다.

"딩동"

에스더는 소리가 울리자 재빨리 태블릿PC의 홈 버튼을 눌러보았다. 현빈의 문자 메시지였다.

[멘션 많이 왔어?]

[휴… 아니, 한 100개?]

[100개면 그래도 첫날치고 괜찮은 것 아니야?
원래 목표가 몇 갠데?]

[1,000개… 매장 반응은 좋다던데… 왜 멘션이 안 오지]

[1,000개? 그렇게 많이? 잘 되겠지. 파이팅!]

현빈의 문자에 에스더는 가만히 있을 때가 아니라는 생각이 들었다. 올라온 트윗을 살펴보다가 문득 팔로워가 많은 사람이 리트윗을 하면 더 많은 사람에게 글이 퍼진다는 사실을 생각해냈다.

저녁에 집에 가서도 에스더는 계속해서 트위터에서 눈을 떼지 않았다. 결국 태블릿 PC를 껴안은 채 잠이 들었다.

다음 날 아침 눈을 뜨자마자 에스더는 트위터의 알림 창을 확인했다. 믿을 수 없었다. 멘션의 숫자를 잘못 본 것 같아서 에스더는 눈을 비비고 미간을 찌푸리며 다시 자세히 확인했다. 멘션은 1500개가 넘게 와있었다. 에스더는 일어나서 멘션의 사진들을 하나하나 저장하고 필요한 사항을 메모하기 시작했다. 믿기 힘든 멘션의 개수의 원인은 리트윗이었다.

에스더는 지금 생각난 것을 잊기 전에 기록하기 위하여 노트에 기록하기 시작했다.

1. 얼고자 한 것은?
멘션 1,000개

2. 얻은 것은?
멘션 1,500개

3. 차이와 원인은?
- 500개의 추가 멘션 (원인: 팔로워들의 리트윗으로 많은 사람에게 트윗이 전달됨, 많은 팔로워를 가진 사람의 리트윗)
- 트위터 멘트와 바니오 사진의 참신한 이미지

4. 해야 할 것은?
- 2일간 모인 데이터를 매장 모니터에 영상광고용으로 제작 의뢰하기
- 매장에 게시될 홍보용 포스터로 쓰일 사진 선발하기
- 계속해서 새로운 정보를 노출해야 함

5. 하지 말아야 할 것은?
데이터를 누락시키는 일, 고객의 흐름을 놓쳐서는 안됨

19장

더 잘할 방법을 찾아서

"하마가 친구하자고 하겠어요. 에스더 대리님."

하품을 늘어지게 하는 에스더를 보며 진솔이 짓궂게 놀렸다. 에스더는 쑥스러운 듯이 손바닥으로 얼굴을 감싸며 미소를 지었다.

여름 상품이 출시된 지 보름이 지나고 피드백 컨설팅을 하는 날이 되었다.

"미인은 잠꾸러기라더니. 에스더 대리님은 미인이니까 요즘 잠이 부족해서 괴로우시겠는데요?"

최강철이 장난스러운 표정을 지으며 에스더에게 말했다.

"괴롭지 않아요. 요즘 매출액 올라가는 거 보면서 제 통장에 쌓이는 것도 아닌데 얼마나 엔도르핀이 생기는지 몰라요!"

"그거 확인하느라 늦게 주무시는군요."

엄성실이 나지막한 목소리로 친근한 표정을 지으며 웃었다. 그때 회의실 문이 열리며 로빈이 들어왔다.

"굿 모닝!"

그는 베티로니의 바니오 자수가 놓인 하늘색 옥스포드 셔츠를 입고 있었다. 그의 빨간 안경테와 대비되어 생동감 있게 느껴졌다.

"평소보다 한 시간이나 일찍 모이시느라 수고하셨습니다. 어제 최강철 과장님의 요청을 받고 여러분이 요즘 얼마나 바쁜 나날을 보내고 있는지 간접적으로 알겠더군요."

"그래도 여섯 시는 너무하잖아요. 과장님."

에스더가 울상을 지으며 책상 위에 엎드렸다. 최강철은 껄껄하고 웃으며 미안한 듯이 말했다.

"말도 마세요. 요즘 매장에서 거의 살다시피 합니다. 우리 애들 얼굴 못 본지 일주일은 되는 것 같아요. 오늘도 참석하기가 너무 힘들었는데 그라운드 룰을 정할 때 '빠지지 않기'라는 항목만 없었으면 바로 결석했죠. 그래도 이렇게 올 수 있는 건 처음 컨설팅을 시작 할 때 그라운드 룰을 지키기로 약속했기 때문입니다."

최강철이 매장 상황에 대해서 설명하는 동안 나머지 사람들은 모두 공감이 간다는 눈빛으로 고개를 끄덕였다.

여름 상품을 출시한지 보름이 지났다. 반응은 예상외로 아주 폭발적이어서 모두들 긍정적인 에너지로 충만해져 있었다.

"그러고 보니 우리가 모두 바니오를 입고 있군요."

로빈이 앉아 있는 사람들을 향해서 말했다. 사람들은 그제야 그 사실을 깨닫고 자신의 옷과 상대방의 옷을 번갈아 보았다.

"자, 이제 여름 상품을 출시한지도 보름이 지났습니다. 어떻습니까?" 로빈은 에스더를 향해서 말했다.

"네, 좋아요. 지금 현재 전체 매출이 1.5배 상승했고 고객 반응도 좋아요. 이 분위기를 이어서 여름 성수기에 매출을 확실하게 올려야 해요."

"그렇군요. 모든 게 계획한 대로 잘 진행되고 있나요? 처음에 얻고자 한 것은 무엇이었죠?"

로빈이 에스더를 바라보며 물었다. 그러자 최강철이 말을 가로채며 대답했다.

"처음에 얻고자 한 것은 전체 매출의 2배 성장이었습니다."

"맞아요. 바니오로 개발된 초기 상품을 100% 판매하고 반응 생산에 들어가는 것도 얻고자 한 것이에요."

진솔도 옆에서 거들었다.

"또 뭐가 있을까요? 성실 과장님?"

"흠. 품질에 문제없이 적시에 상품을 공급하는 것. 그러니까 불량이 없는 상품을 제때에 매장에 공급하는 것이죠."

엄성실이 차분하게 말을 하는 동안 최강철은 무엇인가 또 생각났는지 성실의 말이 끝나기도 전에 말을 했다.

"아! 그리고 판매 현장에 A급 인재들을 확보해 놓는 거죠!"

에스더는 늘 최강철의 열정에 감탄하곤 했다. 피드백 모임의 분위기가 역동적으로 흘러가는 것도 강철의 그런 열정 덕분이라고 생각했다.

"좋습니다. 그렇다면 여러분이 '얻은 것'은 무엇인가요?"

로빈이 진지한 눈빛으로 물었다.

"매출은 실제로 1.5배정도 증가되었고 바니오 상품의 초기 물량이

70%판매가 되었어요. 7월에 출시할 바니오 캐릭터 상품 2탄이 생산 완료 되어 입고 준비 중입니다."

"매장 분위기는 대학생 직원들로 가득 차서 완전 좋습니다."

앞 다투어 각자 대답을 하는 동안 로빈은 환한 웃음을 지으며 듣고 있었다.

"다른 브랜드의 매출이 지난해 비교해서 높지 않은 것을 보면 이번 전략이 맞아 떨어지는 것이 확실하군요. 핵심 차이는 뭘까요?"

로빈이 앞에 있는 의자에 앉으며 물었다. 에스더는 미리 준비해 온 AAR노트를 보며 읽었다. 에스더는 4월부터 피드백 노트를 따로 만들어서 가지고 다녔었다. 이 노트에는 소중한 에스더의 피드백들이 가득 담겨 있다.

"우리가 의도하고 원했던 현장의 좋은 반응입니다. 원인은 철저히 고객에게 물어보고 준비했던 것, 상품에 맞는 마케팅, 적시 생산 물류 공급이고요, 현장 판매가 준비되었다는 것입니다."

진솔은 에스더가 발표를 하자 박수를 쳐주었다.

"와! 정말 대단합니다. 이곳이 여러분의 열정으로 가득 찬 것 같습니다. 에스더 대리님은 정말 차이 발견과 원인 분석을 잘하네요. 그 외에 차이는 또 무엇이 있을까요?"

로빈의 질문에 회의실에는 잠시 침묵이 흘렀다. 지금 바니오는 히트를 치고 있는 것이 분명하지만 목표한 수치에는 도달하지 못하고 있었다. 오늘 모인 멤버들은 마음속에 품고 있던 아쉬움을 수면 위로 끌어 올려야 하는 순간을 만나자 약간의 고통을 느꼈다.

'피드백을 이래서 하는구나.'

에스더는 요즘 흥분해서 들뜬 상태인 자신을 발견했다. 침체기를 넘어서 문을 닫아야 할 위기에 있던 베티로니였다. 그런 위기의 브랜드를 학습과 팀워크를 통해서 이렇게까지 살릴 수 있었다는 성취감에 가슴이 두근거렸다.

그런 에스더에게 계속해서 질문을 던지는 것은 바로 피드백이었다. 이전보다는 나아졌다고 생각하며 현재에 안주하고 싶은 마음이 드는 게 사실이었다. 하지만 계획한 것과 실제 결과를 비교할 때마다 더 잘할 방법을 찾게 되는 것이다.

"저는 어제 매장에서 문득 상품 단가가 너무 낮게 책정되어 있는 것 같다는 생각이 들었습니다. 매장은 북새통을 이루는데 비교적 매출액은 체감한 만큼 올라가지 않아서 말이죠. 또 어제 날짜로 판매된 아이템을 분석해보니, 상의류 중에서도 셔츠 판매율이 아주 높다는 결론을 내렸습니다. 반대로 말하면 하의류와 외피류, 그러니까 점퍼나 자켓 판매가 저조하다는 겁니다."

최강철이 매출액이 그려진 그래프를 가리키며 말했다.

"강철과장님이 고민이 많으셨군요."

로빈이 안경테를 위로 살짝 올리며 말했다. 에스더는 그래프를 가만히 눈으로 살피며 말했다.

"한가지 중요한 차이가 또 있어요! 사실, 전국적으로 봤을 때 지방 상권이 판매율과 SNS에 대한 반응이 모두 저조하다는 것을 알 수 있어요."

"좋습니다. 좋은 발견이네요. 더 잘하기 위해 차이의 원인을 찾아본다면 어떤 게 있을까요?"

에스더는 미리 준비한 종이에 기록해온 내용을 읽었다.

"첫 번째, 상의류와 하의류가 연계 판매가 이뤄지지 않아서 객단가가 떨어진 것. 원인은 대학생 판매사를 채용함으로 인해 상품설명이 부족했던 것 같았습니다. 또, 연결 코디 제안을 하는 비주얼 광고가 빈약했던 것 같고요. 두 번째, 수도권 대학가 매장 이외에 지방 매장은 실적이 부진하다는 것입니다. 원인은 아무래도 SNS 마케팅이 대학생들을 타깃으로 한 건데 지방 매장의 주요 고객은 고등학생이 주를 이루기 때문에 그랬던 것 같아요."

에스더의 발표를 들은 진솔은 의자를 앞으로 당겨 앉으며 말했다.

"그럼 SNS마케팅은 고등학생에게는 적용이 안 된다는 뜻인가요?"

"아니요. 요즘은 고등학생도 거의 스마트 폰을 가지고 있어요. 단지 지방 상권은 전체적으로 반응이 느리기 때문에 기다려보는 게 좋을 것 같아요."

로빈은 다시 다음질문을 던졌다.

"해야 할 것은 무엇인가요? 계속 읽어주시죠."

"네. 네 가지로 정리해봤는데요. 연계 판매를 유도하기 위해서는 대학생 판매사들에게 상하의 연계 권유를 할 수 있는 판매 교육을 실시해야 합니다. SNS에 올라온 사진을 선별할 때도 상하의를 함께 착장한 사진을 우선적으로 노출하는 거예요. 두 번째로는 지방매장에 홍보 사진을 보낼 때 고등학생들이 올린 사진 위주로 보내는 겁니다. 세 번째는 현재 판매율이 70%인 매장에 바니오 시리즈 2탄을 6월 셋째 주에 먼저 공급을 하는 거예요. 그리고 마지막으로는 고객의 반응을 매일 살피고 저희끼리 의사소통 하는 거예요. 물론 SNS를 통해서요."

잠자코 듣고 있던 엄성실이 턱을 괴고 있던 손을 내리며 물었다.

"매장 상황이 저런데 판매 직원들에게 판매 교육을 시행할 수 있을까요? 현실적으로 어려워 보이는데요."

엄성실의 말을 들은 최강철은 고개를 끄덕이며 공감을 표했다. 확실히 지친 얼굴이었다. 마른 입술을 손가락으로 만지며 눈을 감고 뭔가 생각하던 최강철은 "해보죠!" 하며 주먹으로 테이블을 가볍게 내리쳤다.

"교육까지 하자고 하면 저항이 있을 수도 있겠지만, 바니오 연계 판매 성과에 따라 청바지를 선물로 주는 인센티브를 걸면 좋아할 것 같습니다. 시행하기는 어려워도 문제를 해결하는 방법이라면 해봐야 하니까!"

최강철은 역시 진취적이고 열정이 넘치는 현장형 리더다웠다.

"훌륭합니다. 여러분의 팀워크는 지금의 상태보다 더 잘할 방법을 찾을 뿐만 아니라 실행에도 힘을 불어넣는 시너지를 내는군요. 자, 그럼 이제 현장으로 다시 흩어질 시간이네요. 구호 한번 외치고 마무리하겠습니다."

로빈은 구호를 외치는 듯한 목소리로 기대감을 나타내었다. 멤버들은 모두 손을 모으고 하늘을 향해 '베티로니 파이팅!'을 날렸다.

"2주 후에 봅시다! 박수치고 마무리하겠습니다."

점점 날씨가 더워지고 있었지만 베티로니 여름 프로젝트 멤버들의 열기는 올 여름 태양이라도 삼킬 것 같았다.

지식근로자란

Plan — Do — See
(계획하기) (실행하기) (돌아보기)

할 수 있는 능력을 갖춘 사람이다.

| AAR의 다섯 가지 질문 |

베티로니 여름 프로젝트(출시 2주 후)

일시: 6월 16일 아침 6시~7시   장소: B그룹 소 회의실
참석자: 에스더, 진솔, 강철, 성실   진행 코치: 로빈

1. 얻고자 하는 것은?
▶ 매장 매출 2배 성장
▶ 품질에 문제없이 적시에 공급
▶ 판매 현장 A급 인재 확보
▶ 바니오 초기물량 100% 판매 후 반응생산 시작

2. 얻은 것은?

- 강화 포인트 -
▶ 매장 매출 1.5배 증가
▶ 바니오 초기 물량 70% 판매
▶ 7월 출시할 바니오 캐릭터 2탄 준비되어 있음

- 보완 포인트 -
▶ 하의류, 외피류 판매 약하고 객단가(한 고객이 결제하는 금액) 부족
▶ 지방 매장의 반응이 약함(판매율 50% 수준)

3. 차이와 그 원인은?
▶ 차이1: 고객SNS 반응이 기대 이상임
▶ 원인: 철저히 고객에게 물어보고 준비함, 상품에 맞는 마케팅, 적시에 생산 및 물류의 공급, 현장 판매의 준비

▶ 차이 2: 연계 판매가 이뤄지지 않아서 객단가가 떨어짐
▶ 원인: 대학생 판매사들의 상품 설명과 연계 구매 유도스킬 부족, 판매사 교육의 부족, 연결 코디 제안을 노출하는 홍보 이미지가 약함-하의 연계 판매 설계를 미리 하지 못함

- 차이3: 대학상권 이외의 매장, 지방 매장의 실적 부진
- 원인: SNS파급효과가 약함
   지방 상권은 대학생이 아닌 고등학생 위주의 상권임을 간과함
   해당 지역 고등학생과의 네트워크가 약했음

4. 해야 할 것은?
- 고객의 반응을 매일 살피고 서로 의사소통하기(SNS 이용)
- 판매율 70%이상 매장에 한해서 7월분 바이오 시리즈 2탄을 6월 셋째 주에 사전 공급하기
- SNS마케팅에서 올라온 사진 중에 풀 코디로 제안한 사진이나 동영상을 우선적으로 노출하기
- 청바지 등의 하의류를 유니폼으로 제공해서 연결 코디를 제안하기
- 대학생 판매사들에게 교육을 제공함
- 지방 매장에는 고등학생의 사진과 동영상을 우선적으로 노출하기, 지방의 반응을 조금 더 기다려보기

5. 하지 말아야 할 것은?
- 피드백 하지 않고 초기계획으로만 마케팅을 진행하는 것
- 바이오에 너무 집중하다가 다른 상품의 판매를 소홀히 하는 것
- 매장별 지역별 차이를 고려하지 않고 동일하게 마케팅을 적용하는 것

20장

기분 좋은 조깅으로 한강다리를 지나며

오랜만에 쉬는 9월 첫 휴일이었다.

아직도 덥지만 이제는 제법 선선한 바람도 불어왔다.

지난 여름 밤낮없이 주말도 반납하다시피 하며 일을 했다. 에스더는 쭉 뻗은 성수대교를 달리며 바람을 가르고 있었다. 달리면서 지난 여름 동안 이처럼 열심히 달려왔다는 생각을 했다. 격주마다 로빈과 함께 하는 피드백 컨설팅은 물론이고 멤버들은 수시로 현장과 사무실에서 만나 피드백하고 서로 토의하면서 달려왔다.

진솔의 얼굴이 떠올랐다. 진솔은 상품의 디자인을 어떤 방향으로 해야 할 것인가에 대해서 계속 고민해왔다. 결국 고객이 원하는 것을 찾아내게 되었고 한 개의 캐릭터에 집중해서 다양하게 디자인을 전개하기로 했다.

진솔은 "고객의 소리를 들어야지!" 하면서 디자인한 바니오를 다른 사업부에 피드백을 요청하기도 했다. 자신의 주관이 뚜렷하다 못해 공격적이고 자기중심적이던 진솔의 예전 모습을 생각하면 지금도 신기한 일이었다.

엄성실 과장은 생산의 납기일을 단축시키기 위해 그 동안 많은 노력을 해왔다. 결국 품질이 떨어지지 않으면서도 1주일 만에 생산이 가능한 업체를 3군데 발굴했다. 진솔과 미팅을 통해서 바니오 캐릭터를 자수로 섬세하게 표현해 줄 수 있는 전문 생산업체를 찾기 시작한 것이다. 그 과정에서 적극적으로 돕겠다고 하는 곳들이 생겨나고 오더 수량의 증가로 인해 공장의 메인 라인을 확보할 수 있게 되었다.

"성실 과장님, 디자인 나오면 최대한 납기일 맞춰주세요."

진솔이 애교 없이 말하는 그런 요청에도 묵묵히 해나가는 모습이 인상적이었다.

최강철은 항상 걸걸한 목소리로 채용 문제를 풀어야 한다고 팔을 걷어 부치고 다니더니 지난 5~6개월 동안 주먹구구식으로 일하는 것이 아니라 피드백 해야 한다는 말을 입에 달고 다녔다. 그러더니 결국은 대학교의 동아리와 연계해서 아르바이트 프로그램을 개설하고 학교 담당자와 의사소통을 진행하면서 현장 판매 사원 채용 문제에서 놀라운 모습을 보여주었다. 그래서 결국 테스트로 시행해 본 매장에서는 직원 문제가 해결되었고 같은 시스템을 다른 매장에도 적용해 보려고 구상 중이다.

정답은 현장에 있다는 단순하고 명확한 명제를 확인하는 그 모든 순간들이 머릿속에 파노라마처럼 지나갔다.

실행을 통해서 배워온 에스더는 로빈과 일대일 코칭때 배운 '지식의 5대 원천'이 생각났다. 로빈이 '현장'이 가장 큰 지식의 원천이라고, 말한 이유를 이제서야 이해할 것 같았다.

— 배움의 5대 원천 —
(묻고 배우고 피드백하라!)

1. 현장
2. 고객
3. 동종 및 이종 벤치마킹
4. 사내·외 전문가
5. 동료

21장

마지막 피드백

오늘은 피드백 컨설팅의 마지막 날이다. 아침밥을 한 그릇 깨끗하게 비운 에스더는 일찌감치 집을 나섰다. 오늘 피드백 모임 때 이야기할 AAR 내용을 머릿속으로 곰곰이 생각해 보았다.

"딩동"

알림음이 울렸다. 지금 베티로니의 공식 트위터에는 바니오 티셔츠를 입은 고객들의 사진이 무한대로 올라오고 있었다. 에스더는 그 사진을 하나하나 보면서 자신의 사진첩에 저장을 해두고 꼼꼼히 메모를 해두었다. 그 중에서는 광고 모델로 바로 기용을 해도 손색이 없을 만큼 외모가 뛰어난 여대생부터 인상이 좋은 할아버지까지 아주 다양했다. 에스더는 창밖을 바라보았다. 이른 시간의 한산한 도로를 버스는 빠르게 달리고 있었다. 창문으로 들어오는 초가을 바람이 신선하게 느껴졌다.

에스더는 자신의 책상에 앉았다. 태블릿PC를 꺼내어 오늘의 일정을 정리하고 해야 할 일을 점검했다. 이른 아침마다 일정을 정리하는 일은 에스더의 업무에 우선순위를 결정해주었다.

"에스더, 일찍 왔네."

진솔이 손에 커피를 들고 들어오며 반갑게 인사했다. 그녀는 언제나 그랬듯이 짧은 스커트를 입고 있었다.

"실장님도 일찍 오시네요."

에스더는 자신의 옆에 놓인 의자를 손으로 탁탁 치며 앉으라는 신호를 보냈다. 진솔이 자리에 앉자 에스더는 자신의 사진첩에 저장된 사진을 보여 주었다.

"여기 보세요. 이렇게 올린 사람도 있어요."

"지금은 바니오시대? 와우, 도대체 몇 명이 같이 찍은 거야?"

"아이디어 기발하죠? 사진 프레임에 빈칸이 전혀 없이 사람들로 꽉 채웠어요. 이거 찍으면서 얼마나 재미있었을까?"

에스더가 보여준 사진에는 장난스러운 표정의 대학생들이 바니오 티셔츠를 입고 사진을 가득 매우고 있었다. 모서리에는 항상 여백이 생기게 마련인데, 그곳에도 꽉 채우기 위해서 사다리 등을 이용해서 올라간 것 같았다.

사무실에는 하나 둘씩 직원들이 출근을 하고 피드백 컨설팅 시간이 다 되었다. 회의실에 들어서자 엄성실과 최강철이 무언가 열심히 이야기를 나누고 있었다.

"무슨 이야기를 그렇게 열심히 나누고 계신 거예요?"

에스더가 최강철에게 물었다. 최강철은 회의실이 쩌렁쩌렁하게 웃으며 말했다.

"채용 문제를 해결하려고 대학에 가서 뇌물로 매수한 이야기를 하고 있었지."

"네? 뇌물이요?"

"그 대학에서는 동아리활동이 활성화 되어있더라고. 그래서 동아리에 가서 인턴십 연계 프로그램에 대해서 설명하고 나서 짜장면을 한번 돌렸더니 반응이 좋던데."

"짜장면 때문이 아니라 강철 과장님 인상이 무서워서 잘 따르는 것일 수도 있어요. AAR을 잘 하세요. 해야 할 것, 무서운 인상 유지하기 하지 말아야 할 것 부드러운 인상으로 바꾸기."

진솔의 톡 쏘는 듯한 말투에 회의실은 한바탕 웃음바다가 되었다.

로빈은 새하얀 재킷을 입고 들어 왔다. 붉은 안경테가 더 돋보이는 것 같았다.

"오늘은 우리 피드백 모임의 마지막 날입니다. 지난 6개월간 열정적으로 실행한 결과를 AAR하겠습니다. 지난 3월 초에 여러분을 처음 만나 지금까지 함께 하면서 정말 즐겁고 유쾌한 시간을 보냈습니다. 오늘 우리의 '베티로니 여름 프로젝트'에 대한 최종 AAR을 한다고 생각하니 제가 더 설렙니다. 누가 먼저 해주시겠습니까?"

로빈의 말이 끝나자 최강철이 손을 번쩍 들었다. 로빈은 고개를 끄덕이며 강철을 앞으로 불렀다. 강철은 파워포인트의 첫 번째 슬라이드가 출력된 화이트 스크린 앞에서 말을 시작했다.

"지난 6개월간 제가 얻고자 하는 것은, 여름 시즌 매장당 매출 2배 만들기 위한 직원 충원율 150%, 매장 매출 2배 만들기입니다. 그 결과, 얻은 것은 채용하는 시스템을 바꾼 것입니다. 차이와 원인은 아르바이트 직원 채용문제가 시스템적으로 해결 된 것이고 원인은 대학교 동아리와 연계 프로그램을 개발한 것입니다. 그 연령대의 직원들은 매장에서 친구들과 함께 일하기를 원하고, 매장을 업무 공간이 아닌 대학생들의 동아리 공간이라는 인식을 갖게 했습니다. 해야 할 것은 아르바이트 직원들이 매장에서 자유롭고 즐겁게 일하도록 만들어 주는 것, 동아리 연계 프로그램을 하는 매장 수를 확대하는 것이고, 하지 말아야 할 것은 직원들에게 지나친 통제와 규정을 강조하며 행동을 제한하는 것입니다."

최강철은 발표를 마치자 정중하게 인사를 했다. 평소에 목소리가 크고 거친 성격의 그가 그렇게 신사적으로 인사를 하는 모습이 조금 우스꽝스럽게 보였다. 흐뭇하게 바라보던 로빈이 말했다.

"역시 늘 주도적으로 일하는 강철과장님의 강점이 발휘되었네요. 그 과정을 통해서 새롭게 알게 된 사실이 있다면 무엇인가요?"

최강철은 잠시 생각하는가 하더니 이내 대답했다.

"아, 그것은 직원들에게 원하는 바를 강조하고 요구하기에 앞서 그들의 욕구를 파악해야 한다는 것입니다. 직원을 고객으로 인식한 거죠. 그들이 원하는 것을 찾아보니 그들은 매장에서 일하는 순간에도 즐겁기를 원한다는 것을 알았습니다. 겨우 스무 살 남짓 된 학생들이 대부분이었고, 친구들을 좋아하는 연령대였습니다. 이런 것들을 알기까지는 직원을 고객으로 인식하는 인식의 전환에서 비롯된 것 같습니다."

로빈은 손가락으로 붉은 뿔테 안경을 올리며 말했다.

AAR

최강철 과장

베티로니 여름 프로젝트
_ 영업 팀장편

1. 얻고자 한 것은?
▶ 직원 채용문제 해결하고 충원율 130%로 만들기

2. 얻은 것은?
▶ 채용 시스템의 새로운 틀이 생기고 충원율 100~150%(지역별 차이가 있음)

3. 차이와 그 원인은?
▶ 판매 아르바이트 직원 채용문제가 시스템적으로 해결됨
▶ 원인: 대학 동아리 연계 아르바이트 프로그램,
     직원들은 매장에서 친구들과 함께 일하기를 원함
     매장을 업무공간이 아닌 대학생들의 동아리 공간이라는 인식을 심어줌

4. 해야 할 것?
▶ 아르바이트 직원들이 매장에서 자유롭고 즐겁게 일하도록 만들어 주는 것,
▶ 동아리 연계 프로그램을 하는 매장을 확대
▶ 대학생 아르바이트들이 쉽고 즐겁게 익힐 수 있는 교육 프로그램을 개발
▶ 대학생 아르바이트들이 판매와 패션에 관심을 가지고 장기적으로 근무할 수 있는 C.D.P(Career Development Plan)만들기

5. 하지 말아야 할 것?
▶ 대학생 아르바이트에 대한 지나친 통제와 규정의 강조, 행동 규제

"좋습니다. 무슨 일에든 주도적인 강철과장님이 직원들의 마음을 읽고 함께 일하는 법을 깨달으셨군요."

로빈은 박수를 쳐주었다. 다른 멤버들도 강철의 깔끔한 발표에 자못 놀라며 박수를 보냈다. 강철은 조금 부끄러워하는 표정으로 자리에 앉았다. 그의 얼굴에는 성취감의 기쁨으로 상기되어 있었다.

로빈이 두 번째 발표자로 진솔을 지목하자 자리에서 일어나 앞에 섰다. 빔 프로젝트의 화면에 진솔의 노란색 투피스가 푸르스름하게 보였다.

"제가 얻고자 한 것은, 매장 매출 2배 성장을 위한 정상 판매율 80%달성이었습니다. 그 결과 얻은 것은 여름 상품 정상 판매율 90%입니다. 차이는 10% 초과 달성이고 원인은 여러 개의 캐릭터 중에서 인기를 얻을 만한 캐릭터를 선택하여 집중 디자인한 것이었습니다. 해야 할 것은 고객의 요구를 계속해서 관찰하고 작업 중에도 고객의 소리를 지속적으로 듣는 일입니다. 이번 가을 상품이 자연스럽게 나온 것도 고객이 무엇을 원하는지 현장에서 확인을 했기 때문에 틀림없이 좋은 결과가 있을 거라고 믿고 있습니다. 하지 말아야 할 것은 고객의 니즈를 파악하지 않고 디자인을 고집하는 것입니다. 고객이 찾아주지 않는 디자인은 그냥 취미 생활일 뿐이니까요."

진솔의 발표 자료는 숫자들이 갑자기 커지며 반짝거리는 애니메이션 효과가 두드러졌다. 마지막 슬라이드에서 '감사합니다.'라고 인사하는 아이콘이 나오자, 모두가 박수를 쳤다. 로빈이 발표 자료를 가리키며 말했다.

"고객의 소리를 듣기 위해서 동대문을 가셨나요?"

AAR

한진솔 실장

베티로니 여름 프로젝트
_ 디자인 실장편

1. 얻고자 하는 것은?
▶ 정상 판매율 80%

2. 얻은 것은?
▶ 정상 판매율 90%

3. 차이와 그 원인은?
▶ 캐릭터에 열광하는 고객으로부터 기회를 발견함.
▶ 실제로 우리 제품을 살 잠재고객이 있는 곳에서 그들의 요구를 관찰(동대문)
▶ 2주 단위의 피드백을 통해 상품 전략을 전개함

4. 해야 할 것?
▶ 바니오 캐릭터를 다양한 모습으로 디자인하고 옷에 적용
▶ 디자인 작업 중에 계속해서 고객의 소리를 듣는 것
▶ 가을 및 겨울 컨셉에 맞는 캐릭터 연출 컷을 상품에 반영

5. 하지 말아야 할 것?
▶ 고객으로부터 피드백 듣는 일을 멈추는 것
▶ 바니오의 성공에 안주하고 기존 상품으로만 시즌을 준비하는 것

진솔은 에스더에게 고개를 돌렸다. 에스더가 한쪽 눈을 찡긋 감으며 미소를 보냈다.

"고객들이 저의 디자인을 좋아해주기를 바라고 있는 것은 헛된 일인 것 같았어요. 고객들이 좋아하는 것을 디자인해야죠."

로빈은 진솔에게 부드러운 목소리로 말했다.

"진솔 실장님은 그냥 디자이너가 아니라 고객의 마음을 상품으로 표현해내는 진정한 디자인 경영자가 되셨군요. 디자인을 통해 고객을 만족시키는 사람!"

진솔은 자리에 앉으며 에스더를 쳐다봤다. 에스더는 엄지손가락을 들어 올리며 입 모양으로 진솔에게 '경영자'라고 이야기 해주었다.

"다음은 엄성실 과장님께서 발표해주시죠."

로빈의 말에 성실은 생수를 한 모금 마시고 앞으로 걸어 나왔다.

"제가 지난 6개월간 목표한 것은 빠른 생산입니다. 즉, 2주일 납기 기한을 준수하는 거지요. 그러면서도 품질 오류를 제로로 맞추는 것입니다. 결과적으로 얻은 것은 10일로 납기일을 맞출 수 있었고 품질 오류율은 제로로 달성 했습니다. 기대한 것 이상의 결과가 나온 이유를 말씀 드리겠습니다.

차이의 원인은 물량을 늘려서 거래하는 공장의 작업 메인 라인을 우리 상품으로 예약을 걸어놓을 수 있었기 때문입니다. 또 하나의 원인이 더 있다면, 여태까지 장기간 신뢰 관계를 맺고 있던 공장 사장님들과의 우호적인 관계라고 할 수 있습니다. 더불어서 매장 매출이 좋아지면서 생산 주문 물량이 늘었고 그 덕에 감사하게도 공장주들은 우리 상품을 메인 라인에서 내리지 않고 계속해서 우선 순위로 생

AAR

엄성실 과장

베티로니 여름 프로젝트
_ 생산팀 팀장편

1. 얻고자 한 것은?
▶ 품질수준 100%, 생산 리드 타임 2주

2. 얻은 것은?
▶ 품질을 유지하면서도 열흘 만에 가능한 생산 시스템

3. 차이와 그 원인은?
▶ 안정적인 생산 라인을 확보함
▶ 적극적으로 돕겠다고 하는 곳들이 생김
▶ 원인: 그 동안 장기적으로 함께 일해 왔던 사장님들과의 신뢰관계
       오더 수량의 증가로 공장에 메인 라인을 확보할 수 있게 되었음
       디자인실과 협력으로 디자인 주문서가 언제 나올지 예측되고 생산
       준비가 들어갔음

4. 해야 할 것?
▶ 협력 공장과 신뢰 관계를 위한 정기 미팅
▶ 생산 리드 타임 일주일에 도전하기
▶ 품질 수준 유지를 위한 점검 활동

5. 하지 말아야 할 것?
▶ 공장을 자주 바꾸는 것

산해주었습니다. 그 점이 생산속도와 품질유지 모두에 도움이 된 것 같습니다. 해야 할 것은, 공장을 자주 바꾸지 않고 꾸준히 거래하여 신뢰관계를 이어가는 것, 생산하고자 하는 물량을 많이 잡았을 경우에 메인 라인으로 선 예약을 해서 생산이 빨리 되도록 하는 일입니다. 하지 말아야 할 일은 자연스럽게 '공장을 바꾸는 일'이 되겠죠."

차분한 목소리로 또박또박 말을 마친 성실이 발표를 끝내고 자리로 돌아오자 로빈이 말했다.

"성실 과장님은 사람들에게 신뢰를 갖게 만드는 힘이 있는 것 같습니다. 메인 라인을 확보하기가 쉽지 않았을 텐데 그걸 해낸 걸 보면 말이죠. 저도 무슨 일이 생기면 성실 과장님에게 부탁하고 싶군요."

"성실과장님, 저도 그렇게 생각했어요!"

에스더가 웃으며 말했다. 성실은 선한 웃음을 머금은 채 인사했다.

"그렇게 봐주시니 감사합니다."

"이제 제 차례네요."

에스더가 신난 듯이 앞으로 나갔다.

"어제 한강 다리를 달렸더니 몸도 마음도 상쾌한 좌충우돌 이에스더입니다."

에스더는 손을 가지런히 모으고 인사를 했다. 사람들은 모두 열렬히 박수를 쳤다.

"그럼, 제가 지난 6개월간 집중했던 일에 대해서 피드백하겠습니다."

프레젠테이션 슬라이드를 넘기며 에스더가 말했다.

"저는 이번 여름에 매장당 매출을 2배로 성장시키기 위한 홍보 방법에 대한 아이디어를 얻고 실행해서 결과를 내는 것이 목표였는데

AAR

에스더 대리

베티로니 여름 프로젝트
_ 마케팅 담당편

1. 얻고자 한 것은?
▶ 고객이 주인이 되는 SNS 마케팅을 통한 여름 마케팅 (일일 트위터 평균 1,000건 등록)

2. 얻은 것은?
▶ 일 평균 1,200건 등록, 온라인 상에 바니오 매니아 클럽이 생김

3. 차이와 그 원인은?
▶ 고객들은 자신이 참여하는 브랜드에 열광함
바니오 캐릭터가 고객의 니즈와 일치했음
SNS 마케팅이 소통에서 멈추지 않고 광고의 주요 모델로 활용됨
▶ 고객이 원하는 것을 깊이 물어 보고 확신을 갖고 진행 했음

4. 해야 할 것?
▶ SNS마케팅 2탄을 준비하는 것
▶ 고객 미팅을 통해 상품과 광고 전략 수립
▶ 온라인상 바니오 매니아 클럽과 소통을 강화

5. 하지 말아야 할 것?
▶ 고객의 온라인 커뮤니티를 지나치게 매출 중심적으로 고객을 대하는 것

요, 얻은 것은 바로 이것입니다."

에스더가 슬라이드를 넘기자 수많은 사진들이 스크린을 가득 매우고 있었다. 그 사진들은 다음 장으로, 또 다음 장으로 넘어가면서 화면에 나타났다. 앉아있는 사람들은 모두 넋을 잃고 그 사진들을 보고 있었다.

"이름하여 '바니오 입고 모델 되자!' SNS를 활용하여 광고가 나가자 수많은 사진과 글이 SNS에 떠올랐고 이슈가 되었어요. 매장은 일반 시민들의 사진으로 광고가 실리고 TV광고도 내보냈죠. 차이는 예상보다 높은 호응도, 원인은 토끼티에 대한 고객의 니즈가 존재했다는 것을 알게 된 것, 고객이 주인이 되는 광고가 중요하다는 것을 발견했다는 겁니다. 계속 해야 할 것은 고객들이 우리 브랜드의 광고 모델이 되도록 하는 마케팅 즉, 고객 중심의 마케팅을 계속 해 가는 것입니다. 고객이 주인이 되는 브랜드가 아예 우리 브랜드의 핵심 이미지가 되면 좋겠어요. 이번 SNS광고 마케팅을 통해 발견된 고객 정보를 이용해 질문을 계속하고 그들의 니즈가 어떻게 변해가는지 발견해야 해요. 하지 말아야 할 것은…고객들의 반응과 열정을 지나치게 상품 판매에 연결해서는 안됩니다. 고객이 열광한 이유는 자신들의 커뮤니티 속에서 자부심을 느낀 것이기 때문에 회사 주도로 상품 판매에 이용된다는 느낌을 주어서는 안됩니다."

에스더는 발표 슬라이드의 마지막 장에 SNS를 통해서 고객들이 올린 바니오에 대한 UCC를 삽입하였다. 동영상이 끝나자 에스더는 다시 앞으로 나왔다. 손에는 작은 액자를 들고 있었다. 아버지의 액자였다.

"그리고 여러분께 보여드리고 싶은 게 있습니다. 저희 아버지의 유품인데요. 여기에는 이렇게 쓰여 있습니다. '형통한 날에는 기뻐하고 곤고한 날에는 되돌아 보아라.' 저는 피드백을 할 때마다 이 액자를 보면서 피드백이야말로 성공에 이르는 지름길이라고 생각하며 지금까지 왔습니다. 여러분 모두 피드백을 통해서 부자 되세요."

애교 넘치는 발표가 끝나자 모두 박수를 쳐주었다.

로빈이 박수를 치며 말했다.

"마지막에 액자에 담긴 교훈까지 전달해주어서 고맙습니다. 에스더의 통찰력은 정말 훌륭합니다. 올바른 직관력을 갖추고 빠른 스피드로 실행을 주저하지 않는 사람이군요. 자, 이제 이렇게 돌아보았는데 여러분이 해야 할 것과 하지 말아야 할 것을 발견한대로 액션을 취한다면 잘 될 것 같습니까?"

"네!"

회의실 안에는 그 동안 뜨거웠던 그들의 땀방울이 골짜기로 흐르고 있는 것 같았다. 에스더는 이제야 눈물의 골짜기를 건너는 기쁨이 무엇인지 알 것 같았다.

22장

내 사랑 현빈

"지금 당고개행 열차가 들어오고 있습니다."

에스더는 현빈과 함께 지하철 역 안 긴 의자에 앉아 한 시간째 이야기를 나누고 있었다. 현빈은 에스더의 이야기를 흥미로워 하는 것 같았다. 아무래도 그가 하는 일과 관련이 있어서인 것 같았다.

"그래서 그렇게 동대문 시장을 돌아다녔단 말이야? 너도 참 열정 하나는 대단하다."

현빈은 고개를 절래 절래 흔들었다. 에스더는 손에 들고 있던 사이다 캔의 뚜껑을 따며 말했다.

"그런데 말이야, 이 피드백이라는 거. 그거 사람을 묘하게 만들어. 행동을 돌아보게 만드는 것뿐만 아니라"

에스더는 사이다를 한 모금 더 마시며 말을 이었다.

"사실 내가 했던 일을 돌아보는 것은 쉬운 일이 아니었어. 성가시고 골치 아프고 어떨 때는 괴로울 때도 있더라. 그런데 내가 무언가를 깊이 열망하고 있을 때, 그 열망의 심지에 불을 붙여주는 강력한 횃불이랄까? 하기 싫은 질문을 계속 나에게 해야 하는 공식적인 장치, 그게 나를 성장하게 하는 느낌이더라고. 그냥 편하게 행동해 버리고 싶을 때 내가 처음에 '얻고자 했던 것'을 의식하면서 그 갭을 줄이려고 노력하고 있었어."

"에스더, 피드백에 완전히 꽂혔구나."

현빈이 손가락으로 앞머리를 뒤로 넘기며 감탄했다. 그의 눈동자는 언제 봐도 마음이 편안하면서도 설레게 만드는 맑은 갈색이었다.

"나 그런가 봐. 예전에 내가 제일 좋아했던 사진이 있는데, 속도를 내며 달리는 지하철 배경 앞에 서 있는 남자가 있었어. 남자는 선명하게 나오고 지하철은 흐릿하게 나왔지. 달리니까 당연히 그렇게 나온 건데. 물끄러미 그 사진을 보다가 내가 뭘 했는지 알아?"

"글쎄? 그 남자가 잘생겼다고 생각했어?"

현빈은 손으로 자신의 얼굴을 가리키며 장난스럽게 대답했다.

"아니야. 그 남자는 뒷모습이었는걸…. 나는 그 사진을 보다가 스크린 도어가 생겨서 이제는 저런 사진을 찍을 수 없겠다고 생각했어. 그런데 거기서 생각이 멈추지 않고, 스크린 도어 설치에 관한 AAR을 혼자 해 본거야."

"스크린 도어 설치에 관한 AAR?"

현빈은 몸을 에스더 쪽으로 기울이며 자신의 귀를 의심하는 듯이 물었다. 에스더는 현빈의 말대로 AAR에 빠져있었다. 에스더가 뭐라고 이야기를 시작하려고 하자 지하철이 들어온다는 안내 방송이 흘러 나왔다.

"스크린 도어가 열립니다."

늦은 귀가 길에 걸음을 재촉하는 사람들이 문이 열리자 분주히 지하철에 탑승했다.

"스크린 도어를 처음 설치했을 때, 지하철 공사에서 얻고자 한 것은 무엇이었을까? 그건 아마 지하철 역내의 쾌적한 환경 조성이었을 거야. 그런데 얻은 것은? 미세먼지 감소, 소음 감소, 자살률 하락. 이런 게 아니었을까?"

"무슨 리서치 회사 직원 같다. 그런 건 다 어떻게 안거야? 그럼 차이와 원인은?"

"그래. 호기심에 좀 찾아봤지. 소음감소, 미세먼지 지수 모두 기준치 이하로 떨어지는 성과가 있었더라고. 처음부터 이렇게 결과가 좋을 줄 알았을까? 혹은 예상한 결과보다 나쁜 건 아니었을까? 생각해봤어. 처음에 어떤 걸 기대했는지는 알 수가 없으니, 상상으로 해본 거야. 처음에 지하철 공사는 미세먼지지수, 소음지수를 기준치까지 감소하는 것을 얻고자 했을 거야. 아마 자살사고나 추락 사고를 방지하려는 목적도 있었겠지. 그래서 차이는 기준치보다 더 낮은 소음지수, 먼지지수, 추락사 '0'건, 원인은 예상보다 성능이 좋은 스크린 도어 설치. 계속해야 할 것은, 전국의 미설치 구간 스크린 도어 설치 확대, 비용을 절감하는 방법을 찾는 것. 하지 말아야 할 것은 스크린 도어를 설치하지 않은 역을 방치하는 일. 이렇게 생각해봤어."

"에스더, 너 여태까지 본 중에 오늘 제일 재미있어."

현빈은 따뜻한 눈빛으로 미소를 지었다. 그의 미소를 보자 에스더

[사당역 기준, 2010년 조사]

서울 지하철 스크린 도어 설치 AAR

1. 얻고자 한 것?
   - 쾌적한 지하철 만들기(미세먼지감소, 소음지수 기준치 이하로 조절)

2. 얻은 것?
   - 소음 6dB 감소(78.3dB -> 72.1dB)
   - 승강장 안전사고 2005년: 5.9건 -> 2010년 zero
   - 미세 먼지 지수 131.4mg/m3 -> 85 mg/m3
   - 289개역에 설치됨(2010년 기준)

3. 차이와 원인?
   - 소음감소, 미세 먼지 지수 감소, 추락사 연 22건 감소
   - 원인: 스크린 도어의 성능이 예상보다 좋았다.

4. 해야 할 것?
   - 스크린 비용을 절감할 방법을 찾는 것, 미 보급 지역으로의 전국적 확대

5. 하지 말아야 할 것?
   - 미 설치 지역을 방치하는 일

는 또 다시 외면해 두었던 그를 향한 감정들이 살아나는 것을 느꼈다. 그의 이런 미소를 볼 때면 가슴이 뭉클하고 세상이 다 함께 아름다워지는 것 같았다. 실제로 아까부터 지하철 안에서 지나가는 모든 사람들이, 단 한 명도 예외 없이! 우리를 한 번씩 쳐다보며 지나갔다. 현빈 때문이었다. 아마 그는 100미터 밖에서 봐도 빛이 날 것이다. 에스더의 마음을 알 리가 없는 현빈이 물었다.

"그런데 말이야, 에스더. 처음에 어떻게 그 브랜드로 갈 결심을 한 거야? 안정적으로 일할 수 있는 곳을 버리고 모험을 선택했잖아."

에스더는 현빈의 이런 질문이 그의 직업병이라고 생각했다. 항상 모든 일에 원인을 알아내고 원리를 찾고 싶어 했다. 개인적인 관심이라면 얼마나 좋을까!

"처음에는 베티로니를 살리고 싶었어. 몇 년간 부진한 실적으로 꽃 한번 펴보지 못하고 죽어가는 브랜드를 살려내 보고 싶었던 거야. 물론 그 브랜드에 평화 본부장님께서 계신 것도 한 몫 했지. 그런데 내가 얻은 건 베티로니의 매출 성장 2배라는 기록 이외에도 일에 대한 자부심, 함께 협력할 동료를 얻었어. 행복감을 더불어 얻은 거야. 그건 컨설팅을 통해서 즐겁게 일하는 법을 배웠기 때문에, 내 주장을 상대방에게 관철시키는 것이 아닌, 함께 아이디어를 내고 함께 이뤄가는 것이 소중하다는 사실을 체험하게 된 거야. 다른 사람이 이야기를 할 때 그 사람의 이야기에는 항상 가치 있는 것이 들어있을 거라고 생각하니까 내가 스스로 생각할 수 있는 것 이상의 것을 생각하게 되었어. 고객들한테도 마찬가지로 내가 제공하는 상품에 따라오길 기대했는데 그게 아니라 고객을 내가 찾아가서 생생한 소리를 들어

본거야. 마케팅이 무엇인지 이제야 알게 된 것 같아. 컨설팅과 피드백을 통해서 나를 돌아 볼 수 있었어. 그리고 항상 해야 할 것과 하지 말아야 할 것을 늘 생각해. 지금 이 순간도 말이야."

에스더는 현빈에게 고백하고 싶었다. 결과가 어찌되든 마음을 털어놓고 싶었다. 하지만 손을 뻗으려고 내밀수록 현빈은 더 잡을 수 없는 곳으로 갈 것만 같았다.

에스더의 AAR (개인관점)

1. 얻고자 한 것은?
부진한 브랜드(베터로니)를 살리는 것

2. 얻은 것은?
베터로니 매출 성장 2배, 일에 대한 자부심, 함께 협력할 동료

3. 차이와 원인은?
행복감 (원인: 컨설팅과 피드백을 통해 즐겁게 일하는 법을 배움)
나의 일하는 방식이 바뀐 것 (팀 워크)

4. 해야 할 것은?
함께 아이디어를 내고 함께 이뤄가는 것, 다른 사람의 이야기에는 항상 가치 있는 것이 들어있다고 생각하는 것, 고객을 찾아가서 생생한 소리를 듣는 것

5. 하지 말아야 할 것은?
나의 아이디어만을 관철시키려고 하는 것, 내 의견에 따라오기를 강요하는 것

23장

또 하나의 액자

한 시간째 에스더는 옷장 앞에서 콧노래를 부르며 옷을 고르고 있었다. 거울 앞에서 옷을 고르는 순간에도 계속 입가에는 미소가 사라지지 않았다. 아까 낮에 인사팀 과장으로부터 전해들은 기쁜 소식에 하늘을 날아갈 것 같은 기분이었기 때문이다.

내일은 B그룹의 일 년 중 가장 큰 행사인 지식 페스티벌이 있는 날이다. 매년 열리는 이 행사는 B그룹에서 가장 중요하게 여기는 행사 중에 하나다. 직원들은 각자 일 년 동안 이뤄놓은 자기 성과의 노하우를 프레젠테이션 하면서 발표하고 지식을 공유한다. 물론 발표자들은 지식 페스티벌의 수상자들이다. 인사팀 과장으로부터 받은 소식은 에스더가 수상자 명단에 올랐다는 소식이었다.

생각하면 할수록 기분이 좋은 일이었다. 내일은 에스더의 인생 중에 가장 행복한 날인 것 같았다. 에스더는 갑자기 무언가 생각난 듯이 갑자기 전화기를 들었다. 이렇게 행복한 순간을 함께하고 싶은 사람, 유평화였다. 유평화 본부장은 최근 병원을 찾는 일이 많았다. 걱정하는 에스더에게 유평화는 늘 "나이 먹으니 고칠 데가 많네."라고만 할 뿐 별다른 이야기를 해주지 않았다. 그런 평화를 볼 때마다 에스더는 마음이 쓰였다. "몸 생각하면서 일하세요!"라고 화도 내보았지만 괜찮다는 말만 되풀이 할 뿐이었다. 며칠 전 휴가를 내고 좀 쉬고 오겠다는 말에 한편 다행이라는 생각을 했다.

"맞아요. 이럴 때 좀 쉬셔야 해요. 휴가 한 번 제대로 못 내셨잖아요. 현장은 이제 잘 운영되고 있으니 걱정하지 마시고 푹 쉬고 오세요."

평화 본부장의 전화기는 꺼져있었다. 무슨 일인지는 몰랐지만 대수롭지 않게 생각했다.

시계는 열시를 가리키고 있었다.

늦은 시간에 전화를 드리는 건 예의가 아니라는 생각을 하면서도 이 소식을 다른 사람을 통해서 듣도록 내버려둘 수는 없었다. 에스더는 평화 본부장의 휴대폰 번호를 다시 눌렀다. 전화기는 여전히 꺼져 있었다.

'무슨 일이지?'

불안했다. 애써 아무 일도 아닐 거라고 생각하며 불안함을 떨치기 위해 에스더는 행복한 상상을 했다.

'이제 평화 아저씨께 은혜를 갚을 수 있어. 곧 승진도 하겠지? 그러면 아저씨께서 얼마나 기뻐하실까!'

에스더는 조심스럽게 평화의 아내에게 전화를 했다. 신호음이 울리고 가라앉은 목소리가 흘러나왔다.

"에스더구나. 지금 아저씨 병원에 계셔."

가슴이 철렁했다. 얼어붙은 듯이 자리에 서서 전화기를 붙잡고 있었다. 안 좋은 예감을 애써 손으로 휘저으며 내쫓고 있었다. 현기증이 났다. 어딘가에 기대지 않으면 주저앉을 것만 같았다.

"병원에요? 어디가 안 좋으신 건데요?"

에스더는 부들부들 떨리는 목소리로 겨우 말했다. 평화는 어젯밤에 큰 수술을 받았고 지금 의식이 돌아오지 않았다. 위험한 수술이라서 결과는 알 수가 없다고 했다. 전화를 끊은 후 에스더는 황급히 점퍼를 입고 밖으로 달려 나갔다.

버스에서도 몇 번을 넘어질 뻔하고 가방도 계속 떨어뜨리는 바람에 주위 사람들이 괜찮으냐고 물어봐 주는 말들도 들리지 않았다. 내리자마자 병원 현관까지 정신 없이 달리는 동안 머리에는 아무런 생각도 떠오르지 않았다.

병실 문을 열고 들어서자 빈 침대 앞에 힘없이 앉아있는 평화의 아내가 보였다. 온통 세상이 회색 빛으로 변해버린 듯한 착각이 들었다. 팔을 늘어뜨린 그녀의 가녀린 어깨는 가볍게 흔들리고 있었다. 고개를 돌린 얼굴은 눈물로 얼룩져 있었다. 발이 땅에 붙은 듯이 꼼짝도 하지 않고 침대를 바라보는 에스더를 발견하자 평화의 아내는 소리 내어 울기 시작했다. 에스더는 자리에 주저앉았다. 믿기 힘든 온갖 상상들이 현실 앞에 벌어지자 더 이상 서 있을 수가 없었다. 틀림없이 무언가 잘못된 것이다. 이게 꿈이라면 어서 깨어나고 싶을 뿐이었다. 뇌종양이었다니….

'이건 다 나 때문이야. 그렇게 많은 스트레스를 견디다 못해 아저씨가 이렇게 떠나신 거야.'

에스더는 오열했다.

장례식장의 빈소는 조용했다. 아직 이른 새벽이라 동이 트기 전이었다. 에스더는 한쪽 벽에 기대어 앉아 밤을 지새웠다. 가슴이 먹먹하고 목이 매였다. 평화의 사진을 물끄러미 바라보았다. 믿을 수 없는 갑작스러운 이별에 눈물이 볼을 타고 끝없이 흘렀다. 사진 옆에는 평소에 평화가 아끼던 물건들이 놓여 있었다. 에스더는 하나씩 그 유품들을 눈으로 더듬었다.

'아니, 저건!'

에스더는 자신의 눈을 의심했다. 눈물로 부어 오른 눈을 비비고 다시 눈을 크게 뜨고 보았다. 가까이 보기 위해 평화의 사진 앞까지 무릎으로 걸어갔다. 자세히 보니 그것은 역시 아버지의 작은 액자와 똑같은 액자였다. 손바닥만 한 크기의 액자는 오른쪽에서 잡아 당기면 왼쪽 액자 사이로 한쪽 면이 나오도록 되어있는 슬라이드 방식으로 되어 있었다. 액자의 양 쪽엔 손으로 쓴 글이 분명히 적혀 있었다. 몸에 전율이 느껴졌다.

에스더는 평화의 액자를 들고 자신의 가방 속에 있던 액자를 찾기 시작했다. 아버지의 액자를 발견한 후로 늘 보물처럼 그 액자를 가지고 다녔었다. 평화의 것과 같은 액자였다. 분명 액자 주변에 빛바랜 청동색 처리가 된 아주 얇은 쇠로 된 손바닥만 한 액자, 그건 아버지의 것과 같은 것이었다. 유평화 본부장의 액자와 같은 글씨체, 그것

은 아버지의 글씨였다. 에스더는 떨리는 손을 진정시키며 아버지의 액자에서 오른쪽 면을 잡아 당겨 보았다. 워낙 오랫동안 만지지 않아서인지 처음에 잘 빠지지 않았다. '그 동안 왜 한 번도 이쪽 부분을 당겨 볼 생각을 못했던 것일까?' 새롭게 드러난 액자의 오른쪽 면에는 평화의 액자와 같은 문구가 적혀 있었다.

'이 두 가지를 하나님이 병행하게 하사 사람이 그의 장래 일을 능히 헤아려 알지 못하게 하셨느니라.'

'에스더야! 삶은 기쁠 때가 있고 때로는 고단할 때도 있단다. 그렇지만 정말로 중요한 것은 형통함과 곤고함을 통해서 우리가 성숙해 가는 것이란다.'

에스더가 중학교 때 친구들 문제로 힘들었을 때 아버지께서 해 주신 말씀이 생각났다. 눈물이 시선을 가려서 액자의 글씨가 뿌옇게 보였다. 평화의 아내가 에스더에게 다가왔다.

"에스더. 그건 아저씨와 에스더 아버지가 청년 시절에 마다가스카에 여행을 갔을 때 네 아버지께서 선물해 주셨던 거라고 하시더구나. 네 아버지가 적어준 글이라고 들었단다. 아저씨는 늘 습관처럼 말씀하셨지. 사람이 최선을 다하지만 그 결과는 사람이 장담 할 수는…."

그녀는 말끝을 흐리며 손수건에 자신의 얼굴을 묻었다.

뜨거운 눈물이 얼굴을 타고 하염없이 흘렀다. 평화와 그의 아버지가 청년 때부터 함께 품었던 그 다짐들이 에스더의 가슴을 두드렸다. 액자를 쥐고 있는 손등으로 눈물이 뚝뚝 떨어졌다. 평화의 아내는 에스더를 안고서 다시 한번 참았던 눈물을 쏟아 냈다.

아버지가 남기고 싶었던 메시지의 진실을 마주하는 순간이었다.

이번 베티로니의 성공이 마치 자신이 모든 것을 한 것인 것처럼 생각했던 마음이 부끄러워졌다. AAR을 만병통치약인 것처럼 생각해서는 안 된다는 로빈의 말도 떠올랐다.

'사람이 아무리 AAR을 통해 돌아보고 AAP를 통해 계획한다 하더라도 장래 일은 예상치 못한 일들로 어떻게 될지 통제하는 것은 불가능 하다는 것. 겸손하게 자신을 돌아보고 기도하는 마음으로 미래를 준비 하는 것, 나의 일에 최선을 다하고 지혜롭게 일해야 하지만 그 결과를 속단해서는 안 되는 것, 이것이 사람에게 허락된 것 아닐까?'

에스더는 문득 오늘 지식 페스티벌에서 발표를 담당하고 있었다는 사실이 떠올랐다. 많은 사람들이 우리의 성공 비결을 듣고자 모여 있을 것이다. 그들에게 무엇을 말해야 하는지 명확해졌다.

대강당으로 가는 길에 미리 연락을 받은 로빈이 로비에 나와 있었다. 퉁퉁 부은 얼굴로 로빈에게 고개 숙여 인사를 하자 측은한 표정으로 에스더의 어깨를 두드려주며 말했다.

"에스더! 평화 소식을 이미 알고 있습니다. 자신의 일을 멤버들에게 말하지 말아 달라고 어찌나 부탁을 하는지 나도 어쩔 수가 없었어요. 지난주 중요한 수술을 앞두고 만나서 마음을 나누었습니다. 아직 장례식장에 가보지 못했습니다. 정말 뭐라 말을 할 수가 없네요."

"로빈 코치님! 전 오늘 멋지게 발표 할 겁니다."

흐르던 눈물을 훔쳐내며 에스더가 말 했다.

"사람들에게 해 줄 말이 생겼어요. 평화 본부장님이 떠나면서 저에게 준 선물인 것 같아요 어쩌면 그건 제가 지난 6개월 동안 발견한 교훈보다도 더 큰 것이에요."

"그래요. 그 메시지는 다른 직원들과 함께 들어야겠어요. 이제 들어 갑시다. 응원하는 마음으로 뒤에서 지켜보겠습니다."

B그룹의 대강당에는 수많은 사람들의 웅성거리는 소리로 가득했다. 발표자들의 발표가 시작되면 직원들은 하나라도 놓칠세라 열심히 기록하며 듣고 있었다. 앞 사람의 발표가 진행되는 동안 에스더는 가만히 눈을 감았다.

아까 장례식장에서 평화의 아내가 했던 말이 가슴속에서 메아리 치고 있었다.

"아마 직원들이 에스더에게 듣고 싶은 말이 있을 거야."

'듣고 싶은 말, 하고 싶은 말, 해야 하는 말.'

에스더는 장례식장을 떠나오기 전 평화의 아내가 던진 그 한마디를 계속해서 중얼거렸다.

에스더의 차례가 되어 앞으로 걸어 나갔다. 대강당의 뒤쪽에 붉은 뿔테 안경을 쓴 로빈의 모습이 보였다. 이번 가을 신상품인 야구하는 바니오의 자수가 새겨진 야구점퍼를 입고 있었다. 그는 에스더와 눈이 마주치자 살짝 미소 지어 보였다.

에스더는 침을 한번 삼킨 뒤, 지난 6개월의 여정 속에서 변화된 조직의 모습과 성과 지식에 대해서 차분하게 발표를 해나갔다. 자리에 앉아있던 다른 브랜드의 마케터들은 눈을 반짝이며 듣고 메모를 하는 모습이 보였다.

"저는 원래 도전 하는 것을 좋아합니다. 베티로니로 이동한 뒤 처음 진행했던 마케팅이 실패로 돌아가자 '아! 이제 회사를 떠나야 되나보다.' 하고 사직서를 서랍에 넣었다가 뺐다가 몇 번 했는지 모릅니다."

청중은 에스더의 장난기 어린 표정과 손동작에 웃음을 터트렸다.

"사실 지금은 이렇게 웃으며 이야기할 수 있지만, 그때는 정말 심각한 상태였습니다. 팀원들의 잘못이라고 생각하고 원망도 많이 했습니다. 그러던 중 저희 팀에서는 피드백 미팅을 하기 시작했습니다. 피드백을 통해서 방향성을 찾고 서로 팀워크를 이루어 가는 것에 대해서 처음에는 반신반의 했죠. 족집게 매출향상 핵심비법, 매출 대박 일주일만 하면 된다! 뭐 이런 교육도 아니고 피드백이라니. 엉뚱하다는 생각이 들었죠."

B그룹의 마케터들은 눈을 빛내며 듣다가 에스더의 재치 있는 표현에 웃음을 터트리곤 했다.

"그런데 처음 한 달간은 매 주, 이후 2주일에 한번씩 모여서 세우는 그 계획들과 실행한 내용을 가지고 피드백하는 과정에서 느낀 것이 있습니다. 피드백은 성과를 내기 위한 참으로 효과적인 방법이었습니다."

단상에 놓인 생수를 한 모금 마셨다. 차가운 생수가 시원하게 갈증을 없애주었다.

"현장에서 실행 해 보고 함께 모여서 피드백 하는 과정은 마치 하나의 게임과도 같았습니다. 2주 단위로 모여 이야기 하는 과정 속에서 팀워크도 더 좋아진 것 같습니다. 의도했던 대로 실천하는 것, 그 과정에서 차이를 발견하는 것, 해야 할 것과 하지 말아야 할 것을 발견하는 과정이야 말로 성과를 낼 뿐 아니라 일 하면서 배워가는 학습의 과정이라고 생각합니다. 지난 6개월 동안 제가 일 하면서 배운 것은 그 전 7년간의 마케터로서 배운 내용보다도 더 값진 것이었습니다.

여러분! 일 하면서 성과를 내고 싶다면 피드백을 하십시오. 그러면 성과를 얻고 팀워크도 좋아집니다. 결국 저희 베티로니는 전년대비 매출 성장 2배의 쾌거를 이루었습니다. 그 과정은 AAR을 통해 베티로니 멤버들 모두가 함께 이룬 기적이었습니다."

에스더는 준비했던 원고를 덮었다. 한숨이 저절로 나왔다. 그리고 차오르는 눈물을 삼키며 다시 말을 이었다.

"사실 여기까지가 어젯밤까지 준비했던 발표내용입니다. 그러나 오늘 새벽 저는 중요한 사실 하나를 발견했습니다. 그것은 저와 우리 팀이 거둔 성과는 우리가 거둔 것이라고 볼 수 없는 것들이 훨씬 많다는 것을 발견했습니다. 우리가 준비했지만 고객들이 그렇게 열광할 것이라는 것은 몰랐고, SNS반응 역시 우리가 준비했던 것 이상이었습니다. 대학생 판매사와 생산 공장의 협력도 저희가 준비한 것보다 훨씬 그 이상의 결과가 돌아왔습니다. 이런 결과들은 사실 우리 팀이 실행과 피드백을 잘해서라기보다는 예상치 못한 결과였습니다. 사실 저는 AAR을 통한 피드백을 하면 이제 못 할 것이 없겠다고 생각했었습니다. 저의 뿌리 깊은 자만심이 또 드러난 것입니다. 하지만 이제 그게 아니라는 것을 알게 되었습니다. 인간의 예상과 의도한 것은 항상 빗나갈 수 있습니다. 그래서 얻고자 하는 것을 얻지 못하는 경우가 훨씬 많습니다. 시장은 늘 변화하고 고객의 요구는 갈수록 커져만 갑니다. 그 속에서 겸손하게 고객을 섬기고 사람들을 섬겨 가는 것이 제가 할 수 있는 최선이라는 것을 알게 되었습니다.

여러분! 성과를 내고 싶고, 성장하기 원하신다면 반드시 피드백을 하십시오. 그러나 그 과정에서 그 결과를 예단하지 말고 겸손하게 고객과 사람을 섬기시기 바랍니다. 그 결과는 오직 하늘이 결정 해 주실 것입니다."

에스더의 발표가 끝나자 우레와 같은 박수가 쏟아졌고 청중은 모두 자리에서 일어났다. 로빈은 에스더와 눈이 마주치자 두 손을 가슴에 포개며 힘을 내라는 사인을 보냈다. 그는 눈물을 닦아내고 있었다. 에스더는 그런 로빈에게 고개를 숙여 감사의 인사를 했다. 아련하게 들리는 박수소리를 뒤로한 채 에스더는 장례식장으로 발길을 돌렸다.

페스티벌이 끝나고 평화의 죽음 소식이 알려지자 많은 직원들이 그를 찾아가 애도했다. 그가 거쳐 간 부서 직원들뿐 아니라 B그룹의 모든 사람들과 협력사 사장님들도 함께 찾아와 그의 죽음을 진심으로 슬퍼하고 안타까워 했다. 평화는 사람을 남기는 리더였다.

24장

피드백의 달인, 새로운 출발

10월로 접어드니 바니오 야구 점퍼를 입어도 아침에는 서늘한 느낌이다. 강철이 그려준 약도를 따라 담쟁이 덩굴이 멋있게 드리워진 돌담을 돌아서자 매장이 눈에 들어왔다. 강철이 특별히 좀 방문해 달라고 요청한 매장이었다. 에스더는 매장을 먼저 돌아보았다. 알록달록 예쁜 인테리어로 그 근방에서 가장 눈에 띄는 매장이었다. 에스더는 그 매장 근처에서 지나가는 사람들을 살폈다. 그렇게 한참을 매장 밖에 서서 관찰을 하다가 매장으로 들어갔다. 매장 안에서 구경을 하던 손님들은 한참을 둘러보다가 거의 대부분이 그냥 나가버렸다.

"안녕하세요. 에스더 대리님! 아니, 이제 과장님이시죠?"

계산대에서 무언가를 적고 있던 매니저가 에스더를 발견하고 달려와서 반겼다.

"매니저님, 안녕하세요. 행사가 잘 진행되고 있네요? 이 행사 처음에 시작하실 때 얻고자 했던 게 뭐에요?"

"에스더 과장님, 벌써부터 시작 하시는 거예요? 그거 AAR 1번 질문이잖아요."

"맞아요. 제가 너무 급했네요. 하하. 그런데 그건 어떻게 아셨어요?"

"제가 사내 지식 마당에서 과장님이 올린 글은 다 봤어요. 제가 과장님 팬이에요. 이번에 강철 차장님께도 에스더 과장님 코칭을 받게 해달라고 부탁 드렸는걸요?"

"정말요? 저야 영광이죠."

"요즘 사례 발표하시러 다니느라 바쁘실 텐데 이렇게 도와주셔서 감사해요. 베티로니는 계속 승승장구던데요?"

"네. 가을 신상품으로 출시됐던 제품이 벌써부터 재 주문이 들어오고 있어요. 예전보다 재 주문이 들어오는 시기도 빨라졌고, 이제는 생산팀 엄성실 과장님이 생산 시기를 앞당겨주었기 때문에 고객들의 반응에 빠르게 대처할 수 있게 되었죠. 이제 다들 피드백의 달인이 되셔서 다른 파트에서 조언을 구하러 오셔도 피드백을 해주시더라고요."

"완전 유명인이시라니까요. 저희도 베티로니처럼 잘 뻗어 나갈 수 있도록 잘 좀 부탁드려요."

"제가 도울 수 있는 부분은 얼마든지 도울게요! 그럼 첫 번째 질문부터 시작해볼까요?"

에스더는 매니저에게 행사 진행의 의도와 결과에 대해서 자세히 들었다. 그 이야기들을 듣고 있는 동안 6개월 전의 베티로니를 보는 것만 같았다.

사무실로 돌아오니 벌써 저녁 일곱시가 다 되어갔다. 에스더는 책상 앞에 앉아 잠시 생각에 잠겼다.

'내가 언제부터 누구를 코치하는 사람이 되었지?'

피드백을 알기 전에는 어떤 일에든 성과보다는 실수가 많았다. 결과를 생각하지 않고 무턱대고 실행해보는 바람에 생기는 실수들이었다. 결단력은 높게 평가 받았지만 그만큼 좌충우돌하는 일이 많았던 것이다. 단지 피드백을 해보는 것만으로 변한 것은 아닐 것이다. 피드백을 하는 과정에서 실행에 대한 감각들이 살아나고 '더 잘 할 방법'을 몸으로 깨우친 탓일 것이다. 이제는 모든 일에 무엇을 해야 할지, 혹은 하지 말아야 할지를 배워가고 있었.

"띠링"

휴대폰의 메시지 알림음이 울렸다. 현빈이었다. 줄게 있으니 회사 앞으로 잠시 나오라는 문자였다. 에스더는 가방을 매고 회사 정문으로 나갔다. 중형 세단 앞에 서 있는 현빈이 보였다. 에스더는 총총 걸음으로 현빈에게 달려갔다.

"퇴근하는 길이야?"

"응. 원래는 할 일이 많은데, 그냥 퇴근하려고."

에스더는 씩씩한 목소리로 말하며 웃었다. 현빈을 만나면 왠지 모르게 평소보다 더욱 밝아졌다.

"그렇구나, 그럼 탈래?"

현빈은 운전석으로 가며 물었다. 에스더는 고개를 끄덕이며 차문을 열었다.

한강다리를 달리는 동안 현빈은 아무 말 없이 앞만 보았다. 가끔씩

핸들을 잡은 손가락을 펴서 핸들을 톡톡 건드리고는 했다. 평소와는 다른 모습이다. 뭔가 좀 긴장한 듯 했다.

"저기. 줄게 있다니 그게 뭐야?"

조용한 차 안의 공기를 깨뜨리며 에스더가 장난스럽게 물었다.

"아, 저번에 출장에서 선물 사왔다고 했잖아. 그걸 여태 잊고 있었네."

현빈은 여전히 앞만 쳐다보며 무심하게 대답했다. 에스더는 내심 실망했지만 내색을 하지 않으려고 오히려 밝은 목소리로 말했다.

"그렇구나! 그걸 여태 갖고 있었어? 벌써 몇 개월 전이지?"

현빈은 한강이 보이는 고수부지에서 차를 멈췄다. 그리고 뒷자리에 두었던 선물을 에스더에게 건넸다. 고급스러운 쇼핑백에 담긴 상자를 꺼냈다. 스카프였다. 노란색 바탕에 초록색 얇은 줄무늬가 예쁜 실크 스카프. 아름다웠다. 당장이라도 목에 두르고 싶었다. 얼떨떨한 표정으로 스카프를 들고 있는 에스더에게 현빈이 말했다.

"전부터 갖고 싶어 하는 것 같아서."

"…."

에스더는 말문이 막혔다. 흔히 출장 후에는 바디오일이나 핸드크림 정도를 친구들에게 나눠주기 위해서 사온다. 예상치 못한 스카프였다. 많은 친구 중에 한명인 자신에게는 과한 것이었다. 게다가 현빈에게 그 스카프를 갖고 싶다고 말한 적은 한 번도 없었다. 그런 말을 할 만큼 가까운 사이라고 느끼지 않았기 때문이다.

"내가… 그랬나?"

기억을 더듬으며 겨우 한마디를 꺼냈지만 역시 그런 말을 한 적은 없었다. 게다가 그런 생각도 한 기억이 나지 않았다.

"예전에 네 미니홈피에서 본적이 있어. 네가 어떤 매장에서 스카프를 목에 걸쳐보고는 사진을 찍어서 올렸더라고. 그리고 밑에 '언젠가는 꼭 갖고 싶다'라고 적었기에 그 스카프 브랜드가 뭔지 찾느라 애 좀 먹었지."

"그랬지."

에스더는 1년전 이맘때 그런 사진을 찍었던 것이 기억났다. 우연히 쇼 윈도우에 전시된 스카프가 너무 예뻐서 자신의 홈페이지에 사진과 글을 올렸던 것이다. 벌써 일년 전 일이었다.

"에스더, 나는 왜 그 스카프의 브랜드를 꼭 찾고 싶었던 걸까? 많이 생각해봤는데 나… 너를 좋아해. 너를 좋아하기 때문에 너의 일도 좋아하고, 네가 좋아하는 사람들도 좋아하고, 너의 추억들도 좋아해."

에스더는 자신의 귀를 의심했다. 현빈이 나를 좋아한다고? 지금 벌어지는 일은 꿈인 것 같았다. 꿈이더라도 절대로 깨고 싶지 않았다.

"방금 뭐라고 했어?"

에스더는 눈을 크게 뜨고 물었다.

"에스더, 나… 네가 좋아."

그의 밝은 갈색 눈동자는 꿈에서 보았을 때처럼 투명한 빛이 났지만 이건 꿈이 아니었다. 이럴 때는 어떻게 해야 할까? 에스더는 자기도 모르게 습관처럼 AAR을 해보았다.

에스더의 AAR 노트

1. 얻고자 한 것은?
현빈과의 우정

2. 얻은 것은?
현빈의 사랑

3. 차이와 원인은?
꿈이 이뤄짐, 원인: 아직 모름

4. 해야 할 것은?
솔로탈출을 알리는 인증샷 찍기

5. 하지 말아야 할 것은?
망설이기

에필로그

　　지구를 반 바퀴 날아왔다. 비행기가 곧 착륙한다는 기내방송이 나오자 안전벨트에 붉은 색 등이 들어왔다. 에스더는 홈 화면을 누른 뒤 글쓰기 어플을 다시 실행했다. 화면 가득찬 에스더의 글에 마지막 부분을 정리할 시간이다.

　　내게 주어진 많은 시간을 어떻게 보냈는지 생각해 보게 된다. 막연한 계획, 실행하지 못한 실망감, 원인을 찾지 못했던 답답함, 열심히 하지만 반복되는 실수들….나는 여태껏 무언가 새로운 것을 시도했다가 잘 되지 않으면 또 다른 것을 시도했다. 그것이 혹시 결과가 좋을지는 몰라도 더 발전하기는 어려웠다. 그러나 피드백을 만난 이후 스스로 학습하는 방법을 배웠다. 행동한 후에 결과가 좋든, 좋지 않든, 내가 행동했던 거기서 교훈을 얻어야 한다는 사실이었다. 그 이후로 나는 행동을 통해서 구체적인 계획을 세우기 시작했다.

다시 말하지만 사실 나는 욕심이 많았다. 하고 싶은 것, 이루고 싶은 것, 되고 싶은 것이 많았다. 그러나 그것을 실현시키는 방법을 알지 못했다. 그랬기 때문에 늘 이리저리 상황에 끌려 다닌 것이다. 그러나 제대로 계획을 세우는 방법과 행동을 돌아봄으로써 더 강화해야 할 '해야 할 것'과 멈추어야 할 '하지 말아야 할 것'을 알 수 있는 도구를 갖게 된 것이다.

<u>피드백, 그것은 나를 평범함에서 탁월함으로 바꾸어 주었다.</u>
<u>피드백, 그것은 나의 오만함을 극복하고
겸손하게 일하는 법을 알려주었다.</u>

비행기가 활주로에 닿자 사람들이 짐을 챙기기 시작했다. 에스더도 가방을 들고 게이트를 빠져 나와 입국 심사대에 여권을 냈다. 캐리어를 끌고 공항으로 나가자 입사동기 K가 나와 있었다. 그는 일찍부터 이태리로 파견을 받아 이번 인수 합병에 큰 공헌을 한 장본인이었다. 에스더가 공항의 출구문으로 나오자마자 양손을 번쩍 들고 좌우로 흔들며 에스더의 이름을 불렀다. 그의 뒤에는 반가운 얼굴이 보였다. 로빈이었다. 에스더는 앞으로 이태리에서의 여정에 대한 기대감으로 로빈에게 손을 흔들어 보였다. 공항의 벽면 유리 사이로 따스한 햇살이 쏟아져 들어오고 있었다.

피드백 노트
feedback note

- **돌아보기를 위한 AAR**
  - 5가지 질문
  - 작성 Tip
  - 샘플

- **계획하기를 위한 AAP**
  - 5가지 질문
  - 작성 Tip
  - 샘플

계획하기의
5가지 질문 AAP

1. 얻고자 하는 것은?
2. 현재 모습은?
3. 최적의 대안은?
4. 해야 할 것은?
5. 피드백 방법은?

 **AAP 개념**

1. 얻고자 하는 것은?

- SMART한 목표
- 달성 여부에 대한 측정이 가능한 구체적인 목표

2. 현재 모습은?

- 현재의 상황과 자원
- 바람직하지 않은 상황에 대한 문제인식
- 변화와 개선의 가능성을 보여주는 자원 인식

3. 최적의 대안은?

- 선택 가능한 다양한 대안들
- 그 중에서 가장 적합한 최선의 대안
- 핵심 아이디어나 전략적인 선택 사항

4. 해야 할 것은?

- 구체적인 실행계획, 사람과 투입 자원에 대한 명확한 준비
- 일의 순서와 조직화 계획
- 일의 선후 관계에 대한 규명
- 관계되어 있는 사람이나 조직과의 계획
- 장애물에 대한 극복방법

5. 피드백 방법은?

- 1번 질문을 확인할 수 있는 방법
- 실행하는 과정에서의 피드백 방법
- 결과를 통해 얻을 수 있는 교훈과 지식을 공유할 수 있는 방법

 AAP TIP

 얻고자 하는 것 명확화

1) 목표를 명확히 하는 SMART 방식 중에서 핵심이 되는 Mmeasurement 측정가능성을 염두 하시고 정하십시오. 그래야 AAR시에 차이를 규명할 수 있습니다.
2) '그 목표가 달성되었는지 여부를 어떻게 알 수 있습니까?'라는 질문에 스스로 답해 보십시오
3) 개인이나 팀의 목표는 조직의 가치나 목표에 부합되어야 합니다. 조직의 가치와 경영 목표와 연관성을 검토하시고 세우십시오.
4) 다른 팀원이나 팀의 목표와 정렬Alignment을 고려하셔서 서로 중복이나 상충되지 않도록 하십시오.

 현상과 자원을 동시에 인식

1) 현재의 모습을 볼 때 바람직하지 않는 현상들을 발견하고 명확히 하는 것도 중요하지만 개선을 위해 사용할 수 있는 자원을 인식하고 명확히 하는 것도 중요합니다.
2) 이 때 발견된 요소는 실행을 위한 핵심 자원이 될 수 있습니다.

 전략과 조직화

1) 선택 가능한 대안 중에서 가장 효과적인 것을 선택하고 자원을 집중하는 것을 '전략'이라고 합니다.
2) 실행 계획은 이제 곧 실행만 하면 될 수준의 구체성을 가지고 있어야 합니다. 목표를 얻을 수 있도록 하는 구체적인 액션 아이템과 그 액션들의 순서, 그리고 담당자가 정해져 있어야 합니다.

 그룹 미팅을 통한 피드백

1) 피드백의 시기와 방법을 명확히 하는 것은 실행력을 높이는 중요한 도구입니다.
2) 피드백은 개인적으로 하기 보다는 가능한 팀원들과 그룹 미팅을 통해서 나누는 시간을 갖는 것이 좋습니다.

일주일에 책 한권 읽기

AAP 사례

1. 얻고자 하는 것은?

3개월 동안 일주일 마다 책을 한 권씩 읽기
(3개월 동안 12개의 독서후기가 담긴 독서 노트)

2. 현재 모습은?

책을 읽어야 한다고 생각하면서도 일주일을 돌아보면 한권도 읽지 않은 모습
주말에는 항상 데이트를 하느라 바쁨
업무에 밀려 야근을 하게 됨

3. 최적의 대안은?

책을 항상 지니고 다니며 빈 시간에 책을 읽고
휴일이나 퇴근 후 시간을 덩어리로 확보하여 독서에 할애한다.

4. 해야 할 것은?

1. 책을 가방에 항상 가지고 다닌다.
2. 휴일에는 남자친구와 책을 읽는 데이트를 한다.
3. 아침에 일찍 일어나서 30분간 독서를 한다.
4. 책을 화장실에 비치해 놓는다.
5. 독서 모임을 만들어서 강제성을 부여한다.

5. 피드백 방법은?

12개의 독서 후기가 담긴 독서 노트를 직장상사에게 보여준다.
일주일에 한번 김대리에게 노트 보여주기.

**돌아보기의
5가지 질문 AAR**

1. 얻고자 한 것은?

2. 얻은 것은?

3. 차이와 그 원인은?

4. 해야 할 것은?

5. 하지 말아야 할 것은?

AAR개념

1. 얻고자 한 것은?

▶ 계획 시에 목표했던 것

2. 얻은 것은?

▶ 실행한 일의 결과
▶ 양적인 측정 결과, 질적인 변화의 결과

3. 차이와 원인은?

▶ 얻고자 했던 것과 얻은 것의 차이
▶ 각 차이별 발생 원인에 대한 분석
▶ 예상치 못했던 성공이나 실패

▶ **구체적으로 나의 어떤 행동이 차이를 만들었는가?**
▶ **원인을 태도나 신념, 자질의 문제로 돌리지 않는다.**
▶ **원인을 외부의 상황이나 환경으로 돌리지 않는다.**

4. 해야 할 것은?

▶ 실행의 결과에 따라 얻게 된 교훈
▶ 결과를 얻기에 적합했던 검증된 행동
▶ 태도나 신념이 아닌 행동 수준의 발견
▶ 실행의 과정에서 발견한 새로운 사실

5. 하지 말아야 할 것은?

▶ 실행과정에서 발견한 교훈
▶ 실행 과정에서 발생한 시행 착오

 AAR TIP

 행동에 집중

1) AAR은 기획, 생각, 계획에 대해서 피드백 하는 것이 아닌 오직 '실행한 행동'에 대해서 피드백 하는 것입니다.
2) 해야 할 것과 하지 말아야 할 것을 정의 할 때 역시 생각이나 태도가 아닌 어떤 행동을 하거나 하지 말아야 할 것인지를 명확히 하십시오.

 외부 요인 금지

1) 유능한 뱃사공은 파도를 예측하고 이용합니다. 모든 일에는 내·외부의 요인이 모두 존재합니다. 외부 환경이 아무리 지배적인 상황이더라도 가능한 '실행자의 주도적인 대응'에 포커스해서 원인을 발견하십시오.
2) 차이의 원인은 'why'를 반복하는 과정을 통해서 발견할 수 있습니다.
3) 피드백을 통해서 성장한다는 것은 '어떻게 하면 동일한 상황에서 더 잘 할 방법'을 찾아 실험 해 보는 개인과 조직이 된다는 의미입니다.

 인격이나 자질의 문제로 돌리지 말 것

1) '머리가 좋다', '원래 실력 있는 사람이다.' '자질에 문제가 있다' 등의 원인은 좋은 결과의 확산이나 좋지 못한 원인을 개선하는데 도움이 되지 않습니다.
2) 발생한 차이의 원인을 개인의 인격이나 자질의 문제로 돌리면 노력을 여지를 찾지 못하게 됩니다.

 실행과정을 기록할 것

1) 처음 '얻고자 했던 것'이 명확할 수록 좋은 피드백을 할 수 있습니다.
2) 실행하는 과정에서 잘 기록하고 측정 해 두어야 '차이의 원인'을 잘 발견할 수 있습니다

일주일에 책 한권 읽기

AAR 사례

[실행 1개월 후]

1. 얻고자 한 것은?

3개월간 일주일마다 책을 한 권씩 읽기
(3개월동안 12개의 독서후기가 담긴 독서 노트)

2. 얻은 것은?

현재까지 3개의 독서 후기
(성공의 숨겨진 비밀, 피드백, 춤추는 고래의 실천, 원칙 중심의 리더십)

3. 차이와 그 원인은?

한 달 동안 2권을 읽음
- 원인 : 덩어리 시간을 확보하지 못함, 주말이나 퇴근 후에는 친구를 만나는 일이 빈번함

책을 읽기로 한 목표를 자꾸 잊어버림
- 원인 : 목표를 세워놓은 다이어리를 다시 확인하지 않고 시간이 나면 다른 일에 시간을 보냄

4. 해야 할 것은?

목표를 잘 보이는 곳에 글씨로 적어서 붙여놓는다.
주말에는 친구들과 도서관을 간다.
퇴근 후에는 시간을 정해놓고 책을 읽는다.

5. 하지 말아야 할 것은?

친구들에게 연락이 왔을 때 무조건 오케이 하는 일
퇴근 후에 집에 가서 TV를 켜는 일
목표를 적은 종이를 눈에 띄게 해놓지 않는 일

피드백을 위한

나의 14일 프로젝트

하루에 15분 이상 일일 피드백 하겠습니다.
일주일에 30분 이상 주간 피드백을 하고,
한 사람 이상과 나누겠습니다.
피드백을 통해 발견한 지식을
다른 사람과 나누고 함께 성장하겠습니다.

기간 :

시작일 :

함께 할 사람 :

서명 :

| 앞으로 14일간 실천할 목표를 적어보세요. |

1. 얻고자 하는 것은?

2. 현재 모습은?

3. 최적의 대안은?

4. 해야 할 것은?

5. 피드백 방법은?

Daily AAR 1일차

작성일 : _____   장소 : _____   함께 한 사람 : _____

1. 얻고자 한 것은?

2. 얻은 것은?

3. 차이와 그 원인은?

4. 해야 할 것은?

5. 하지 말아야 할 것은?

Daily AAR 2일차

작성일 : _____   장소 : _____   함께 한 사람 : _____

1. 얻고자 한 것은?

2. 얻은 것은?

3. 차이와 그 원인은?

4. 해야 할 것은?

5. 하지 말아야 할 것은?

Daily AAR 3일차

작성일 : _____ 장소 : _____ 함께 한 사람 : _____

1. 얻고자 한 것은?

2. 얻은 것은?

3. 차이와 그 원인은?

4. 해야 할 것은?

5. 하지 말아야 할 것은?

Daily AAR 4일차

작성일 : _____   장소 : _____   함께 한 사람 : _____

1. 얻고자 한 것은?

2. 얻은 것은?

3. 차이와 그 원인은?

4. 해야 할 것은?

5. 하지 말아야 할 것은?

Daily AAR 5일차

작성일 : _____   장소 : _____   함께 한 사람 : _____

1. 얻고자 한 것은?

2. 얻은 것은?

3. 차이와 그 원인은?

4. 해야 할 것은?

5. 하지 말아야 할 것은?

Daily AAR 6일차

작성일 : _____   장소 : _____   함께 한 사람 : _____

1. 얻고자 한 것은?

2. 얻은 것은?

3. 차이와 그 원인은?

4. 해야 할 것은?

5. 하지 말아야 할 것은?

Weekly AAR 1주차 (7일차)

작성일 : _____   장소 : _____   함께 한 사람 : _____

1. 얻고자 한 것은?

2. 얻은 것은?

3. 차이와 그 원인은?

4. 해야 할 것은?

5. 하지 말아야 할 것은?

Daily AAR 8일차

작성일 : _____   장소 : _____   함께 한 사람 : _____

1. 얻고자 한 것은?

2. 얻은 것은?

3. 차이와 그 원인은?

4. 해야 할 것은?

5. 하지 말아야 할 것은?

Daily AAR 9일차

작성일 : _____ 장소 : _____ 함께 한 사람 : _____

1. 얻고자 한 것은?

2. 얻은 것은?

3. 차이와 그 원인은?

4. 해야 할 것은?

5. 하지 말아야 할 것은?

Daily **AAR 10일차**

작성일 : _____   장소 : _____   함께 한 사람 : _____

1. 얻고자 한 것은?

2. 얻은 것은?

3. 차이와 그 원인은?

4. 해야 할 것은?

5. 하지 말아야 할 것은?

Daily **AAR 11일차**

작성일 : _____   장소 : _____   함께 한 사람 : _____

1. 얻고자 한 것은?

2. 얻은 것은?

3. 차이와 그 원인은?

4. 해야 할 것은?

5. 하지 말아야 할 것은?

Daily AAR 12일차

작성일 : _____   장소 : _____   함께 한 사람 : _____

1. 얻고자 한 것은?

2. 얻은 것은?

3. 차이와 그 원인은?

4. 해야 할 것은?

5. 하지 말아야 할 것은?

Daily AAR 13일차

작성일 : _____ 장소 : _____ 함께 한 사람 : _____

1. 얻고자 한 것은?

2. 얻은 것은?

3. 차이와 그 원인은?

4. 해야 할 것은?

5. 하지 말아야 할 것은?

Daily AAR 14일차

작성일 : _____ 장소 : _____ 함께 한 사람 : _____

1. 얻고자 한 것은?

2. 얻은 것은?

3. 차이와 그 원인은?

4. 해야 할 것은?

5. 하지 말아야 할 것은?

저자 후문

성공하고 싶다면
피드백하라!

얼마 전 친구의 동창이 자녀의 초등학교 입학식에 가기 위해서 세탁소에서 아주 비싼 코트를 빌려서 갔더니 선생님이 자녀를 바라보는 대우가 달라지더라는 이야기를 들은 적이 있습니다. 또 예전 제가 타고 다니던 통학 버스를 운전하시던 중년의 기사 분이 동창회에 외제차를 빌려 가서 친구들 기를 죽이고 왔더니 기분이 좋아졌다는 이야기를 하시던 기억도 있습니다.

일반적으로 '성공'을 지향할 때 돈, 명예, 권력, 이 세가지를 기준으로 이야기 합니다. 이 세 가지를 기준으로 해서 누가 얼마나 더 많이 가졌느냐를 가지고 이른바 '성공'을 규정하는 것입니다. 이 인식은 실력이나 성품, 혹은 자녀를 바라보는 것에도 동일하게 적용이 되어서 남들보다 얼마나 더 잘 하는가에 따라서 만족과 불만족이 생기게 되는 것이 일반적인 현실입니다. 그래서 과장 승진을 알리는 소식에 입사 동기의 승진 여부가 궁금 해 지는 것이나, 자녀가 100점을 맞아 오면 '너희 반에서 100점 맞은 친구들이 몇 명이니?'라고 물어 보는 것은 모든 우리가 주변의 사람들과 비교해서 만족감과 성취감을 얻고 있다는 것의 반증입니다. 어떤 의미에서 우리는 성공의 기준이 나 자신이 아닌 남에 의해서 결정되는 사회를 살고 있습니다. 그러나 남과 비교해서 낫다고 여길 때 생기는 우월감이나 부족하다고 생각될 때 생기는 열등감은 우리의 성장과 행복에 별로 도움이 되지 않습니다.

이 책에서 '성공'을 규정할 때는 그런 개념으로 성공을 규정하지 않았습니다. 영어 단어 중에 'Effectiveness'라는 단어가 있습니다. 원래의 뜻은 '효과성'이라는 의미인데 '채우다', '성공하다'의 의미를 가지고 있습니다. 즉, 뭔가를 채워간다는 것이 곧 성공의 의미라는 것입니다.

우리의 삶은 커다란 하나의 '통'과도 같습니다. 각자는 태어나면서부터 고유한 통을 가지고 태어납니다. 이 통은 각자의 재능에 따라서 다르기 때문에 다른 사람이 가진 것과 비교하는 것은 사실 별로 의미가 없습니다. 채워야 할 것도 다를 수 밖에 없습니다. 우리는 자신이 가진 달란트(재능)에 근거해서 무엇을 채워야 할 것인지를 발견하게 됩니다. 그리고 살아가면서 나의 통에 지식과 역량, 지혜와 성품 등 우리 삶에서 얻게 되는 다양한 성공의 요소들을 채워가게 됩니다.

우리가 삶을 살면서 정말 피드백 해야 할 자신의 삶을 피드백 하지 않는 이유는 그것이 우리에게 자기 성찰이라는 고통을 주기 때문입니다. 우리는 늘 우리가 편한 방식에 머무르고 싶어 하는 본성이 있기 때문에 더 잘 할 수 있다고 하는 자신의 내면의 소리를 잊어 버립니다. 그러나 현실에 안주하고 싶어하는 본성을 이기고 자신의 삶을 아름답고 효과적으로 채워가고자 하는 열망으로 꾸준히 피드백 하는 삶을 살 때 인생의 마지막 순간에 자신의 통을 가득 채워 비전이 달성된 모습, 즉 'Maximum Life'로 삶을 마무리 할 수 있습니다.

우리가 정말로 피드백 해야 할 것은 내 삶의 과거와 현재를 비교하여 미래에 어떻게 해야 할지를 결정하고 실행하는 것입니다. 이것이 피드백의 본질입니다.

이 책을 다 읽은 지금 이순간 책을 읽기 전과 읽고 난 후의 자신을 돌아보고 얼마나 더 'Effectiveness' 해 졌는지를 피드백 해 보시기 바랍니다. 중요한 것은 남과 나를 비교하는 것이 아니라 과거의 나와 지금의 나를 비교하고 미래에 해야 할 것과 하지 말아야 할 것을 발견하는 것입니다. 그래서 모든 사람이 승리자가 되는 것! 이 책은 바로 이 목적을 위해서 쓰여진 것입니다. 지금 바로 피드백 노트를 펴십시오.

1. 얻고자 한 것은 무엇이었습니까?
2. 얻은 것은 무엇입니까?
3. 차이와 그 원인은 무엇입니까?
4. 해야 할 것은 무엇입니까?
5. 하지 말아야 할 것은 무엇입니까?

삶의 진정한 승리자로 서기를 열망하는 모든 분들을 위해⋯
합정동 사무실에서

성공의 숨겨진 비밀
피드백

개정판 1쇄   2023년 5월 15일
초판 1쇄   2012년 4월 16일
초판 5쇄   2021년 6월 29일

발행일 | 2023년 5월 15일
지은이 | 김경민 이정란
발행인 | 김경민
펴낸곳 | 가인지북스

등록번호 | 2018년 10월 29일 제2018-000291호
주소 | 서울특별시 마포구 토정로 16, 201호(합정동, 평산빌딩)
전화 | 02) 337-0691
팩스 | 02) 337-0691

ISBN | 979-11-91662-09-2 03320

*파본이나 잘못된 책은 구입하신 곳에서 교환해 드립니다.
*이 책의 저작권은 가인지북스에 있습니다.
   이 책 내용의 전부 또는 일부를 재사용하려면 반드시 서면 동의를 받아야 합니다.
*이 도서의 국립중앙도서관 출판예정도서목록(CIP)은
   서지정보유통지원시스템 홈페이지(https://seoji.nl.go.kr)와
   국가자료공동목록시스템(https://www.nl.go.kr/kolisnet)에서 이용하실 수 있습니다.